TOPOGRAPHIE

TEINTES

ET

SIGNES CONVENTIONNELS

(CLASSÉS PAR ORDRE ALPHABÉTIQUE)

ADOPTÉS PAR LES DEUX COMMISSIONS DE TOPOGRAPHIE

POUR LE DESSIN ET LA GRAVURE

DES CARTES ET DES PLANS

EXÉCUTÉS PAR LES DIVERS SERVICES PUBLICS

PAR E. SAUTREZ

PARIS
CHEZ SAUTREZ ET Ce, EDITEURS
13, RUE D'ANJOU-DAUPHINE.

1865

TOPOGRAPHIE

TEINTES ET SIGNES CONVENTIONNELS

TOPOGRAPHIE

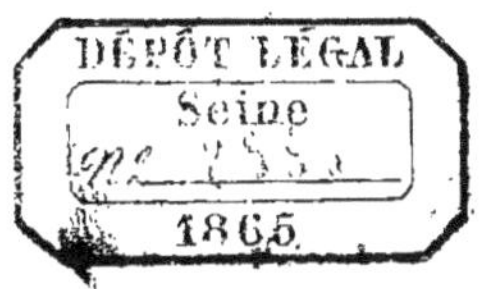

TEINTES

ET

SIGNES CONVENTIONNELS

(CLASSÉS PAR ORDRE ALPHABÉTIQUE)

ADOPTÉS PAR LES DEUX COMMISSIONS DE TOPOGRAPHIE

POUR LE DESSIN ET LA GRAVURE

DES CARTES ET DES PLANS

EXÉCUTÉS PAR LES DIVERS SERVICES PUBLICS

PAR E. SAUTREZ

PARIS
CHEZ SAUTREZ ET Ce, ÉDITEURS
18, RUE D'ANJOU-DAUPHINE.

1865

Paris.— Imprimé chez Bonaventure et Ducessois, 55, quai des Augustins.

TOPOGRAPHIE

TEINTES ET SIGNES CONVENTIONNELS

ADOPTÉS POUR LE DESSIN ET LA GRAVURE DES CARTES EXÉCUTÉES PAR LES DIVERS SERVICES PUBLICS.

La topographie est l'art d'exprimer la configuration d'une partie de la surface terrestre avec ses accidents de terrain et ses différentes natures de culture et de bâtiments.

Pour donner à cette expression une exactitude complète, il faut donc mesurer la surface du terrain dont on veut décrire le figuré, constater la hauteur des montagnes, la profondeur des ravins, et déterminer l'étendue de chaque genre de culture et la position des constructions; cette première opération se nomme levé de terrain; on reporte ensuite sur le papier les résultats obtenus en se servant des couleurs et signes conventionnels; c'est ce qu'on appelle dresser une carte.

On ne s'occupera ici ni des levés de terrain, ni de l'art de dresser les cartes, le seul but qu'on se propose est d'enseigner à lire les cartes topographiques, soit dessinées, soit gravées.

Cette lecture ne présenterait aucune difficulté si l'on avait pu conserver à chaque objet son étendue réelle et sa représentation exacte avec ses couleurs naturelles; mais cette reproduction complète, praticable seulement pour quelques objets dans les sciences physiques et dans les arts, devient impossible en topographie, où l'on n'a souvent à sa disposition qu'un espace d'un mètre ou même de quelques centimètres pour exprimer la configuration d'un terrain de plusieurs milliers de mètres d'étendue. Une carte topographique devant conserver l'aspect général du terrain à reproduire, chaque objet doit subir une réduction proportionnée à l'échelle adoptée, et quand l'étendue de la carte ne permet pas la représentation exacte des objets ainsi réduits, on a recours, pour la remplacer, à des couleurs ou à des signes graphiques conventionnels.

Pour comprendre ou lire une carte topographique, il est donc indispensable de connaître la signification des signes, des couleurs ou teintes conventionnels, et les diverses méthodes usitées pour figurer les rochers, les ravins et le relief du terrain.

Le choix et l'adoption de ces couleurs et de ces signes graphiques ont été le but des travaux des deux commissions nommées par le gouvernement français en 1802 et 1826.

TOPOGRAPHIE.

COMMISSION DE TOPOGRAPHIE RÉUNIE EN 1802.

Jusqu'au commencement du XIXe siècle, chaque géographe employait dans ses cartes, pour exprimer les objets dont il ne pouvait pas représenter le figuré selon les dimensions réelles, des signes qu'il créait lui-même ou qu'il choisissait parmi les signes alors en usage. Sous le titre de légende, dans une des parties de sa carte, il en donnait ordinairement l'explication ; et s'il ne le faisait pas, son travail devenait presque inintelligible pour la plupart de ses lecteurs. Les grands travaux topographiques que le gouvernement allait faire exécuter, en France et dans les pays nouvellement conquis, lui firent sentir la nécessité de faire cesser cet arbitraire et cette divergence, si contraires au progrès de la topographie.

Il ordonna la formation d'une commission composée d'un membre de chacun des services publics intéressés à la perfection de la topographie, avec mission spéciale de simplifier et de rendre uniformes les signes et les conventions en usage dans les cartes, les plans et les dessins topographiques.

Les commissaires se réunirent le 28 fructidor an X (15 septembre 1802) et, sous la présidence du directeur général du Dépôt de la guerre, commencèrent immédiatement leurs travaux.

En voici le résumé très-succinct :

Nivellement :—Comme on rapporte, dans les opérations trigonométriques, tous les points déterminés en longitude et en latitude, à la méridienne et à la perpendiculaire, il a paru simple de rapporter toutes les hauteurs au niveau général de la mer.

La Commission est donc d'avis que les services publics, qui ne rapportent pas encore leurs nivellements au niveau général de la mer, soient invités à le faire et à rattacher, autant que possible, à ce niveau, les plans partiels de comparaison des nivellements qu'ils ont faits ou qu'ils feront à l'avenir.

Elle pense également qu'il est important d'inscrire sur les cartes et les plans tout ce qu'on pourra y mettre, sans confusion, de cotes ou sondes de niveau, en distinguant par des signes conventionnels, les hauteurs déduites d'opérations rigoureuses et celles qui sont déterminées des opérations approximatives.

Des échelles décimales :—La Commission émet le vœu de voir tous les services prendre leurs échelles dans la série suivante :

Entiers et { fractions décimales..........2...1...0,5, etc.
{ fractions ordinaires ....2...1...1/2, etc.

et consacrer, par leur exemple, cette application nouvelle du système décimal métrique, déduit de la grandeur de la terre.

Des projections et du dessin en général : —La définition complète d'un corps exige qu'on le projette sur trois plans coordonnés que l'on suppose ordinairement rectangulaires entre eux et dont l'un est horizontal.

C'est cette méthode que suivent les ingénieurs des différents services dans les plans et les dessins et dans quelques cartes relatifs aux travaux publics, toutes les fois qu'il est indispensable de considérer les corps et le terrain comme un solide soumis aux lois de la stéréotomie.

Ces projections sont connues sous les noms, familiers à presque tous les arts, de plans, de profils, de coupes, d'élévations.

Elles donnent les grandeurs géométrales.

La perspective les transforme en une autre projection qui donne les grandeurs optiques.

Sur ces diverses projections, la perspective aérienne, c'est-à-dire la dégradation des lumières et des ombres, peut également donner du relief, du corps à tous les objets.

Sur chacune d'elles, l'emploi varié des couleurs change le dessin en peinture.

L'échelle limite les grandeurs que la projection peut représenter : quand la projection, sur le même plan et avec la même échelle, ne donne plus pour les objets que des tracés dont les dimensions se confondent, les lois ordinaires de la géométrie descriptive cessent d'être applicables ; et l'on n'a plus pour les exprimer, que des signes qui dérivent d'un autre ordre de conventions et que l'on désigne plus spécialement sous le titre de signes conventionnels, pour les distinguer de ceux qui sont assujettis aux conditions générales sur lesquelles la théorie des projections est fondée.

La Commission pense qu'il est toujours utile, et souvent nécessaire, en topographie comme dans tous les arts, d'ajouter à la projection horizontale, que donne le plan ou la carte, des projections verticales ou perspectives; elle désire qu'on ne néglige jamais de le faire, toutes les fois que le temps le permettra, lors même que l'on ne verrait pas, dans l'instant, l'utilité que ces projections peuvent avoir un jour.

De la projection horizontale et d'abord de la projection des montagnes : — La projection horizontale des objets terminés par des plans, ou même par des surfaces de toute autre espèce, mais qui se pénètrent et se coupent dans tous les sens et selon des arêtes fort rapprochées, n'a rien qui puisse embarrasser ni qui échappe aux procédés rigoureux ou approximatifs qu'enseignent la géométrie descriptive et la stéréotomie.

Mais les montagnes, les ondulations de terrain, présentent presque partout des surfaces à courbure continue, sans jarret et sans arrête. La projection de ces surfaces sur le plan n'est autre chose que le plan même.

Il s'agissait donc d'imaginer une méthode particulière de les représenter.

Première méthode. — La première et la plus ancienne, qui conserve des partisans parmi des géographes distingués, mais qui trouve de nombreux antagonistes dans les autres géographes, les corps d'ingénieurs et les savants à qui l'on doit des méthodes plus rigoureuses, consiste à projeter, ou à mettre en perspective, le contour apparent des montagnes sur de petits plans inclinés, rabattus ensuite et confondus avec le plan horizontal. C'est cette méthode qu'on appelle assez improprement demi-perspective et que l'on a étendue à l'expression des rochers, des arbres, des villes, des villages et d'une foule d'autres objets, alors même que leurs formes et la grandeur de l'échelle permettraient de les représenter par leurs traces horizontales.

Deuxième méthode. — Un autre artifice, dont le premier usage remonte assez loin, mais se perfectionne tous les jours, est celui des lignes de plus grande pente. On imagine, par la pensée, les courbes que décriraient sur les surfaces du terrain, des gouttes de pluie ou d'autres graves obéissant aux lois de la pesanteur ; on détermine à vue les projections de ces courbes, et c'est par ces projections que l'on désigne les courbes variées des hauteurs dont elles représentent, dans toutes les directions, les pentes les plus rapides ; c'est ce système que suivent aujourd'hui la plupart des géographes et des ingénieurs.

Troisième méthode. — Enfin un troisième procédé consiste à imaginer des sections faites dans les hauteurs par des plans équidistants et parallèles à l'horizon, et à représenter les ondulations du terrain par les projections des courbes horizontales que forment ces sections : les officiers du génie emploient depuis longtemps cette méthode pour déterminer les plans de site et de défilement de leurs ouvrages.

La Commission rejette la première méthode.

D'accord sur l'unité de projection, elle n'avait plus qu'à choisir entre les deux autres moyens d'exprimer les montagnes, savoir : les courbes de niveau et les lignes de plus grande pente.

Les courbes de niveau sont difficiles à déterminer autrement que par des nivellements rigoureux ou approximatifs. Il faudrait, pour les évaluer à la simple vue, avec quelque justesse, pouvoir planer sur le terrain. En cheminant autour des hauteurs, l'œil souvent parcourt autant de plans de niveaux différents qu'il y a de points sur la circonférence des montagnes. Quelle difficulté d'estimer sa position relativement au plan imaginaire de comparaison auquel on rapporte les autres plans horizontaux par lesquels on suppose que le terrain est coupé ! On sait d'ailleurs avec quelle facilité l'œil se trompe sur les évaluations des objets situés dans un plan horizontal, et quelles erreurs résultent de l'abaissement ou de l'élévation du rayon visuel par rapport à ce plan.

Les lignes de plus grande pente, ou de la chûte des eaux, offrent sur les courbes de niveau l'avantage de représenter un effet naturel dont l'œil est témoin à chaque instant, et qui rappelle la cause générale, sinon de la formation, au moins de la figure et des accidents des montagnes. Cet effet est un moyen d'évaluation et de vérification. On peut toujours saisir d'un coup d'œil les inflexions d'une ligne de plus grande pente qui, lors même qu'elle est à double courbure, a ses extrémités dans des plans verticaux fort rapprochés.

De la lumière et des ombres portées : —La lumière sera, comme dans les tableaux, à la gauche des spectateurs, c'est-à-dire au nord-ouest, le méridien coupant à angle droit le haut et le bas de la carte.

On lui attribuera, suivant l'usage le plus général, entre 50 et 65 grades d'élévation, selon que l'exigeront la hauteur des montagnes et l'avantage qu'il est souvent utile de se ménager, de diminuer le nombre et l'étendue des parties privées de lumière, en faisant raser, par une portion des rayons lumineux, les saillies de la surface de terrain opposée au point où les rayons se projettent.

On bannira entièrement des cartes les ombres portées de toute espèce; elles noircissent le dessin, le couvrent de taches désagréables, cachent le trait et nuisent à l'effet général de la carte.

Des signes conventionnels en général : — La commission, après avoir considéré le trait de projection et la manière d'y appliquer les teintes et les couleurs, porte ses regards sur les signes nombreux par lesquels on supplée à la projection.

Elle met au premier rang les cotes de sonde ou de niveau. (Voir ce qu'elle en a dit au chapitre *Des Nivellements*.)

Après les cotes de niveau, aucun signe n'est plus propre à fixer les hauteurs relatives, à donner aux lignes de plus grande pente et aux teintes une précision toujours utile et souvent importante, que les deux notations proposées par un de ses membres (M. Epailly) pour marquer, sur les hachures principales, les degrés d'inclinaison évalués de cinq en cinq, ou au moins de dix en dix, et pour indiquer les points de niveau sur les hachures des montagnes accolées.

La commission adopte une suite de modèles pour exprimer, par l'emploi des teintes plates, sur les dessins minutes, les différentes natures de terrain et les diverses espèces de culture.

Elle pense que l'emploi de ces teintes plates, ou couleurs légères, ne doit être considéré que comme un moyen de faire remarquer plus vite et de faire sauter aux yeux ce que l'on cherche sur les minutes; qu'on ne doit jamais se dispenser d'écrire sur les teintes la nature du sol, et de prévenir ainsi les dégradations naturelles ou accidentelles que les couleurs peuvent éprouver.

La Commission adopte enfin le tableau complet et si varié des signes conventionnels réduit à leurs moindres termes. Le détail de chaque espèce de signes sera donné ci-après et par ordre alphabétique.

Les travaux de cette Commission, clos à Paris le 24 brumaire an XI, sont approuvés par les ministres de la Guerre, des Finances, des Relations extérieures, de l'Intérieur et de la Marine.

TABLEAU EXPLICATIF DES TEINTES CONVENTIONNELLES ADOPTÉES PAR LA COMMISSION.

Les quatre principales couleurs sont :

1° L'ENCRE DE LA CHINE ;
2° LE CARMIN ;
3° LA GOMME-GUTTE ;
4° LE BLEU INDIGO (remplacé aujourd'hui par le bleu de Prusse).

Nota. Dans la composition des teintes, on a employé pour base, ou mesure, la quantité de couleurs que contient un pinceau plein ; cette quantité se nomme partie. On suppose ces couleurs délayées séparément au plus haut degré de force qu'elles puissent atteindre sans cesser d'être liquides, ou telles qu'on les préparerait pour mettre un plan au trait.

DÉSIGNATION DES OBJETS.	DÉSIGNATION DES TEINTES.	COMPOSITION DES TEINTES.	OBSERVATIONS
TERRES labourées pour les pays entièrement cultivés.			L'objet des teintes conventionnelles étant d'abréger le travail des plans-minutes sur le terrain, en indiquant par leur simple application les différentes productions de culture qui s'y rencontrent, on est convenu de laisser en blanc tout ce qui est labouré dans les pays entièrement cultivés, et d'indiquer par de petits parallélogrammes ponctués les pièces de terre ou champs d'une grandeur conforme à l'échelle du plan ; on marquera aussi les arbres fruitiers qui s'y trouvent renfermés.
TERRES labourées dans les pays de montagnes.	Brun terre d'ombre, ou terre de Sienne calcinée.	3 parties de gomme-gutte, une partie de carmin ; 1/4 de partie d'encre de la Chine et 8 parties d'eau. (*Le tout pur.*)	Dans les pays de montagnes, tels que les Pyrénées, les Alpes, etc., toutes les parties de terrain sur lesquelles il ne se rencontrera pas des productions ou cultures désignées par des limites, resteront en blanc ; et comme les terres labourées ne s'y trouvent qu'en très-petites masses, ou ne sont que de petits champs enclos de haies ou de murs, on est convenu de les indiquer par la teinte ci-contre.

DÉSIGNATION. DES OBJETS.	DÉSIGNATION. DES TEINTES.	COMPOSITION DES TEINTES.	OBSERVATIONS.
VIGNES.	Brun rouge ou approchant, terre de Sienne calcinée.	1 partie de gomme-gutte, 1 de carmin, 1/4 de partie d'encre de la Chine, 8 parties d'eau.	Quoique cette teinte soit beaucoup plus rouge que la précédente, il pourrait arriver qu'on ne les distinguât pas dans les montagnes, où les deux teintes se trouvent appliquées l'une contre l'autre sans séparation marquante, et en très-petites superficies. Pour obvier à ces inconvénients on croit qu'il serait nécessaire de couvrir la teinte des vignes de petits échalas noirs; ce qui devient inutile dans les pays entièrement cultivés, où les terres labourées restent en blanc, et où les autres teintes qui pourraient toucher ou avoisiner celle des vignes sont absolument différentes.
PRAIRIES.	Vert d'herbe	3 parties de gomme-gutte, 1 partie de bleu indigo et 8 à 10 parties d'eau.	
VERGERS.	Vert d'herbe léger, ou terre d'ombre.	Le même vert que pour les prairies, réduit à moitié de son ton, ou une partie du vert ci-dessus, et 5 à 6 parties d'eau. La teinte terre d'ombre est la même que pour les terres labourées dans les montagnes.	Dans quelques pays, et surtout dans ceux de montagnes, comme, par exemple, dans les Basses-Pyrénées, au pays Basque, beaucoup de vergers sont labourés; alors on mettra sur le fond de ceux-ci la couleur terre d'ombre, servant à indiquer les terres labourées dans les montagnes; mais pour ceux qui se trouvent aussi labourés dans les pays entièrement cultivés, leur fond restera blanc.
FRICHES.	Panachée de vert pistache et aurore léger.	Même vert que celui des fonds de vergers, auquel on ajoutera un peu de gomme-gutte, pour lui donner la couleur pistache. L'aurore léger est composé d'une partie de gomme-gutte, 3/8 de partie de carmin et 10 à 12 parties d'eau.	

DÉSIGNATION		COMPOSITION DES TEINTES.	OBSERVATIONS.
DES OBJETS.	DES TEINTES.		
FORÊTS ET BOIS.	Jaune jonquille.	1 partie de gomme-gutte, et 7 à 8 parties d'eau.	
BROUSSAILLES.	Panachée de jaune paille et vert léger.	Le jaune paille : 1 partie de gomme-gutte et 14 à 16 d'eau. Le vert léger est le même que celui des fonds de vergers, auquel on ajoutera un peu de bleu.	
BRUYÈRES.	Panachée de vert et rose.	Pour la teinte rose, 1 partie de carmin, et 12 parties d'eau; la verte est la même que celle des fonds de vergers, à laquelle on ajoutera un peu de bleu.	
LANDES.	Vert olive et aurore.	Teinte vert olive : 1 partie de gomme-gutte, 1/2 partie de bleu indigo et 1/2 partie de la teinte rose, expliquée d'autre part, et 8 parties d'eau. L'aurore, la même que celle des friches.	La teinte aurore sert à indiquer les flaques de sable qui se trouvent dans les landes, telles qu'on en voit dans celles de Bordeaux; ces flaques sont couvertes d'eau pendant l'hiver.
SABLES.	Aurore.	2 parties de gomme-gutte, 3/4 de partie de carmin, et 16 parties d'eau.	Cette teinte étant devenue sèche et dans toute sa force, on la délayera avec 4 ou 5 parties d'eau, et on s'en servira pour renforcer les bords des bancs de sable, en l'adoucissant vers le milieu, et pour pointiller et piquer les sables.
VASE.	Boue.	1 partie de gomme gutte, un bon tiers de partie d'encre de la Chine, un peu de carmin et de bleu (*à la pointe du pinceau seulement*); et 20 à 24 parties d'eau.	On fera de même pour la vase que pour les sables, mais on ne pointillera pas.
TERRES HUMIDES.	Panachée horizontalement de vert et bleu.	Le même vert que celui des prairies; et, pour le bleu, 1 partie d'indigo et 8 à 10 parties d'eau.	

DÉSIGNATION		COMPOSITION DES TEINTES.	OBSERVATIONS.
DES OBJETS.	DES TEINTES.		
MARAIS.	Vert d'herbe et bleu léger.	Même vert que ci-dessus; le bleu léger : 1 partie d'indigo et 18 à 20 parties d'eau.	Les flaques d'eau, après la teinte plate indiquée ci-contre, seront ondulées horizontalement avec le bleu décrit ci-dessus pour les terres humides.
ÉTANGS. RIVIÈRES FLEUVES. LACS.	Bleu léger.	Comme ci-dessus, une partie d'indigo, et 18 à 20 parties d'eau.	Après avoir mis la teinte plate bleu léger dans les étangs, les rivières, les fleuves et les lacs, on renforcera les bords, du côté de l'ombre, avec une teinte bleue, d'une partie d'indigo et 8 parties d'eau, qu'on appliquera le long du bord, d'une largeur convenable à l'étendue de l'objet, et qu'on adoucira vers son milieu; l'on fera la même chose le long des bords du côté du jour, avec une teinte à peu près moitié plus faible, plus étroite et également adoucie vers le milieu. Les étangs seront ondulés horizontalement plus fort du côté de l'ombre et légèrement du côté du jour. Les fleuves, les rivières et les lacs seront filés avec du bleu, d'une partie d'indigo et 8 parties d'eau, le long et parallèlement à leurs bords, en diminuant de force les filets, et en les écartant davantage à mesure qu'on s'éloigne du bord vers le milieu, pour le côté de l'ombre; celui du jour sera filé de même avec une teinte plus légère.
MERS		1 partie d'indigo, 1/2 de gomme-gutte, et 20 à 24 parties d'eau.	Après la teinte plate, on renforcera aussi les bords du côté de la côte par une même teinte plus forte (1 partie d'indigo, 1/2 partie gomme-gutte et 8 à 10 parties d'eau), et d'une largeur d'environ un centimètre, en observant de ne pas l'appliquer tout contre le bord, mais à une distance d'un milimètre, et on l'adoucira vers le large; ensuite, pour imiter les vagues, on fera avec cette même teinte des sillons courts, tremblés, un peu courbes, et cependant parallèles à la côte, en les diminuant de force, et en les écartant à mesure qu'on s'éloignera de la côte vers le large.
BATIMENTS ET CONSTRUCTIONS.	Carmin.		

NOTA. A l'aide des indications ci-dessus, il sera facile de former un tableau où toutes les teintes soient appliquées dans leur ordre, afin d'avoir un régulateur pour le ton de celles qu'on voudra employer par la suite, et un moyen de les composer par imitation, sans recourir aux proportions de couleurs que nous avons indiquées.

COMMISSION DE TOPOGRAPHIE RÉUNIE EN 1826.

Les décisions de la Commission de 1802 ne furent exécutées que par quelques-uns des services publics ; elle avait adopté, comme moyen unique d'exprimer le relief et les formes du terrain, l'hypothèse d'un rayon de lumière tombant obliquement de la gauche à la droite du spectateur, dans la direction du nord-ouest, le nord étant supposé placé à la partie supérieure de la carte; on assigna à ce rayon une inclinaison de 50 grades relativement au plan horizontal ; la commission ne s'occupa nullement de l'hypothèse de la lumière verticale que la plupart des topographes avaient adoptée, et d'après laquelle Cassini, et plus tard les auteurs de la *Carte des Chasses*, avaient figuré le terrain. Deux systèmes opposés se trouvèrent ainsi en présence.

Le Dépôt de la guerre, l'École polytechnique et l'École de Saint-Cyr se conformèrent aux décisions de la Commission et figurèrent le terrain, soit en se servant des lignes de plus grande pente seules, soit par des teintes au pinceau, soit par le concours des deux moyens.

L'École d'artillerie et de génie établie à Metz et l'École d'état-major figurèrent le terrain d'après l'hypothèse de la lumière verticale.

Au Dépôt de la guerre, on ne crut pas devoir, sans un nouvel examen, commencer la gravure des premières feuilles de la carte de France d'après la méthode prescrite par la Commission de 1802. L'École des ingénieurs géographes continua seule à l'enseigner.

Cette méthode était donc tombée en désuétude ; mais, en y renonçant, les différents établissements avaient adopté des systèmes particuliers. Il résulta de là une divergence qui pouvait nuire aux besoins du service et au progrès de l'art de la topographie. Le ministre de la Guerre crut devoir y mettre un terme et forma une commission composée de membres pris dans les différents services publics; le 25 février 1826, il lui adressa ses instructions.

Cette nouvelle Commission commença ses travaux par l'exposé fait par chacun de ses membres, des méthodes suivies dans les différents services qu'ils représentent, soit pour l'enseignement de la topographie dans les écoles, soit pour la confection des cartes.

Après un examen approfondi de ces méthodes et de nombreux essais de dessin et de gravure tentés pour expérimenter l'effet et le mérite des divers systèmes proposés, on arrêta définitivement les signes conventionnels et la manière d'exprimer le relief du terrain dont devront faire usage les différents services publics de France pour le dessin et la gravure des cartes topographiques.

Les nouvelles décisions prises par cette commission sont ainsi conçues :

CHAPITRE PREMIER.

DES MINUTES.

ART. 1er. — On entend par minute la traduction graphique des opérations exécutées sur le terrain, traduction faite à l'échelle du levé.

ART. 2. — Les minutes seront tracées à l'encre et gardées dans les archives des différents services publics, afin que les matériaux qui auront servi à la rédaction des cartes soient conservés dans toute leur intégrité, et que, lorsqu'on voudra ou les vérifier, ou les consulter, on puisse toujours les retrouver tels qu'ils ont été obtenus.

ART. 3. — Pour les minutes des levés, quelle que soit leur échelle, on aura recours uniquement, pour exprimer le relief du terrain, à la considération des plans horizontaux, c'est-à-dire que ce relief devra être exprimé sur les minutes par la projection horizontale des courbes résultant de l'intersection du terrain et d'une suite de plans horizontaux [1].

ART. 4. — Les plans horizontaux dans lesquels les courbes seront comprises devront être équidistants.

ART. 5. — L'équidistance pourra varier en raison de l'échelle de la carte et en raison des formes du terrain ; mais elle devra toujours être la même pour toutes les parties d'une même carte.

ART. 6. — Toutes les fois qu'il y aura entre les deux sections horizontales équidistantes un changement de pente assez sensible pour qu'il soit nécessaire de le faire connaître, on tracera la projection horizontale de la ligne suivant laquelle ce changement de pente se manifestera. Cette projection sera une ligne ponctuée ; des cotes pourront être placées en un ou plusieurs de ces points, suivant que les lignes qui déterminent les changements de pente seront ou ne seront pas comprises dans des plans horizontaux. Ces cotes seront des fractions qui auront pour dénominateur le nombre de mètres déterminé pour l'équidistance, ce qui dispensera d'écrire ce dénominateur ; les cotes fractionnaires devront être prises dans le même sens que celle des plans horizontaux équidistants.

ART. 7. — Les accidents de terrain tels que ravins, chemins creux, chaussées, berges, tertres, excavations, carrières, fondrières, fossés, etc., seront exprimés par un figuré particulier dont le modèle est joint au travail de la Commission sous les nos 2 et 5. Il est reproduit ci-après en face des mots : *ravins*, *chemins*, etc. [2].

CHAPITRE II.

DES CARTES, SOIT DESSINÉES, SOIT GRAVÉES QUI SERONT EXÉCUTÉES D'APRÈS LES MINUTES MISES A L'ENCRE, SOIT A LA MÊME ÉCHELLE, SOIT A UNE ÉCHELLE DIFFÉRENTE.

ART. 1er. — Les projections des courbes horizontales seules, tracées à l'encre, sont regardées comme suffisantes pour exprimer le relief du terrain dans les cartes et les plans dont l'échelle sera plus grande que le $\frac{1}{10000}$.

---

[1] C'est ce qu'on entend par l'expression inexacte de courbes de niveau équidistantes.

[2] La Commission a reconnu l'impossibilité de fixer d'une manière absolue une équidistance pour chacune des échelles usitées en topographie ; toutefois, quand la nature plus ou moins accidentée du terrain ne s'y oppose pas, l'équidistance est ordinairement d'un quart de millimètre par mètre ; ainsi l'équidistance est de

1 mètre	pour l'échelle du 4,000me.
1 mètre 1/4	5,000.
2 mètres 1/2	10,000.
5 mètres	20,000.
10 mètres	40,000.
20 mètres	80,000.
25 mètres	100,000.

Art. 2. — Pour représenter les formes du terrain sur les cartes dont les échelles seraient au $\frac{1}{10000}$ ou à des échelles plus petites, les projections des courbes horizontales équidistantes sont regardées comme insuffisantes. Dans ce cas, pour rendre plus sensible et faire apprécier d'une manière plus prompte la configuration générale du terrain, on tracera entre ces projections des hachures qui représenteront les projections horizontales des lignes de plus grande pente, et seront par conséquent menées perpendiculairement à chacune des deux courbes entre lesquelles elles seront tracées.

Art. 3. — L'espacement des hachures sera en raison inverse de la rapidité des pentes et égal au quart de la distance prise sur la carte, entre deux courbes consécutives.

Lorsque les hachures normales à deux courbes divergeront sensiblement entre elles, l'espacement qui vient d'être déterminé sera mesuré sur une ligne perpendiculaire à la hachure et menée par son milieu.

Art. 4. — Dans le cas où la distance entre deux courbes consécutives sera au-dessous de deux millimètres, on substituera, à la loi de l'espacement des hachures, celle de leur grossissement. Ce grossissement augmentera en raison de la rapidité de la pente.

Art. 5. — On conservera sur les cartes, soit dessinées, soit gravées, qui seront exécutées d'après les minutes à l'encre, la trace des projections des courbes horizontales équidistantes qui auront servi de directrices aux hachures, de manière qu'on puisse saisir et suivre la direction de ces courbes. Cette condition essentielle s'obtiendra, soit que les hachures se terminant sur les courbes elles-même ne soient pas tracées dans le prolongement les unes des autres, soit que s'arrêtant à une très-courte distance de ces courbes elles laissent entre elles un petit espace blanc.

Art. 6. — Sur toutes les cartes, des cotes placées aux points les plus remarquables du terrain indiqueront la hauteur de ces points ; le point dont la cote est zéro étant toujours celui qui sera reconnu pour être le plus bas, on fera connaître, autant que possible, la hauteur de ce point au-dessus du niveau de la mer. Dans le cas où un ou plusieurs points du terrain seraient inférieurs au niveau de la mer, la cote zéro correspondra à ce niveau, et les cotes des points qui se trouveraient au-dessous auraient le signe négatif.

Art. 7. — Pour les cartes, quelque petite que soit l'échelle, on écartera toute considération de lumière, soit oblique, soit verticale.

N. B.—Les décisions de la Commission ont été approuvées par le ministre de la guerre, qui a ordonné de s'y conformer à l'avenir. Son Excellence a autorisé, en outre, le Dépôt de la guerre à se servir de l'échelle des teintes de M. le colonel Bonne, pour les travaux topographiques à exécuter dans cet établissement, et spécialement pour ceux que la gravure doit reproduire.

CLASSEMENT PAR ORDRE ALPHABÉTIQUE

DES TEINTES ET DES SIGNES CONVENTIONNELS OU IMITATIFS ADOPTÉS PAR LES DEUX COMMISSIONS DE TOPOGRAPHIE POUR LE DESSIN ET LA GRAVURE DES CARTES EXÉCUTÉES PAR LES DIVERS SERVICES PUBLICS.

Signes conventionnels.	
	Abbaye de femmes.
	Abbaye d'hommes.
	Abbaye ruinée.
	Administration militaire.
	Aérées. *Voir* Eaux. (*Minéralogie.*)
	Aiguisante. *Voir* Roche. —
	— *Voir* Pierre. —
A.	Aire. (*Cadastre*). Texte, page 31.
Al.	Algue. (*Cartes marines*).
	Alumineuse. *Voir* Substances volcaniques. (*Minéralogie.*)
	Amets ou amers.
	Amphibolique. *Voir* Roche. (*Minéralogie.*)
	Annexe. La croix est dirigée vers la cure dont l'annexe dépend.
(Sb)	Antimoine. (*Minéralogie.*)

Signes conventionnels.	
	Appel (Tribunal d').
	Archevêché.
Ard.	Ardoises ou Roches chisteuses. (*Cartes mar.*)
	Arénacées. *Voir* Terres.
(A)	Argent. (*Minéralogie.*)
Arg.	Argile bleue compacte. (*Cartes marines.*)
	Argileuses. *Voir* Pierres. (*Minéralogie.*)
	Armes blanches (Manufacture d').
	— à feu —
	Arsenal de terre.
	— maritime.
(As)	Arsenic.
	Artillerie. Signes destinés aux établissements militaires.
	— ancienne position.
	— à cheval.
	— à pied.
	— ennemie.

Signes conventionnels.	
	Artillerie (Direction d').
	Auberge.
Al.	Aunaie. (*Cadastre.*)
	B
	Bac.
	— à traille.
	Balises. (*Chorographie.*)
	— (*Hydrogaphie.*)
 Balise	— (*Cartes marines.*)
 D	Bancs de roches.
	— de sable qui couvrent et découvrent. (*Chorogr.*)
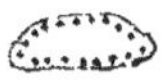	— — — (*Hydrographie.*)
 P P	— — — (*Cartes marines.*)
	— de sables qui ne couvrent jamais. (*Chorographie.*)
	— — — (*Hydrographie.*)
	— — toujours découverts. (*Chorographie.*)
	— — — (*Hydrographie.*)

Signes conventionnels.	
	Bancs de vases qui couvrent et découvrent.
	Basaltique. *Voir* Substances volcaniques.
	Bastide ou maison de campagne.
	Bataille gagnée.
	— perdue.
	Bâtiments et constructions dessinés.
	— — gravés.
	Pour la teinte, *voir* Teintes conventionnelles.
	Bâtiments en bois.
	— en pierre.
	— isolés.
	Batterie de canons.
(W)	Bismuth.
	Bois. *Voir* Forêts et bois.
F.	Bois futaie (*Cadastre*).
B.	— taillis.
B^e	Borne-limite.

Signes conventionnels.	
18 B^{e} 18	Borne milliaire.
	Bouée et tonne (*Chorographie*).
	— (*Hydrographie*).
	Bourgs et villages.
	Bourg fermé.
	— ouvert.
	— ruiné.
	Bourgade.
	— ruinée.
	Brêche. *Voir* Pierre (*Minéralogie*).
	— — Roche. —
	Bricks ennemis au-dessous de 20 canons.
	— français.
	Briqueterie et tuilerie.
	Brisants : *Voir* Récifs.
	Brulôts ennemis au-dessous de 20 canons.
	— français.

Signes conventionnels.	
Bs.	Broussailles (*Cadastre*).
	Broussailles, dessinées.
	— gravées.
	Pour la teinte, *voir* Teintes conventionnelles.
Br.	Bruyère (*Cadastre.*)
	Bruyères, dessinées.
	— gravées.
	Pour la teinte, *voir* Teintes conventionnelles.
	C
	Cabane.
	Cabaret.
C	Calcaire. *Voir* aussi Pierre.
	— — Roche. (*Minéralogie.*)
	— — Terre —
	Calvaire.
	Camp pour les cartes orientales : Arabe.
	— Français.
	— Mameluk.
	— Turc.

Signes conventionnels.	
	Canal.
	Canal ou lit souterrain.
	— avec écluse.
	— navigable.
	— — (grand).
	— non navigable, avec chemin à côté.
	— d'irrigation.
	Canonnières ennemies.
	— françaises.
CT	Canton ou Justice de paix.
	Capitaine.
	Carabiniers ou cuirassiers (Régiment de).
	Carrière.
	Cavalerie. (Signes d'établissements militaires.)
	— (Ancienne position.)
	— (Avant-poste de).
	— (Grand'-garde de).

Signes conventionnels.	
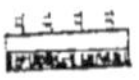	Cavalerie de ligne.
	— — (Régiment de).
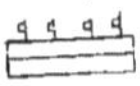	— légère.
	Cendrée. *Voir* Substances volcaniques. (*Minéral.*)
	Cense ou Fief.
Châlet *Châlet* 	Châlet.
	Chaloupes canonnières ennemies.
	— — françaises.
	Chapelle.
	— ou Hermitage.
	— ou Pèlerinage isolé.
	Charbon. *Voir* Combustible. (*Minéralogie.*)
	Chasseurs (Régiment de).
Cg.	Châtaignerie. (*Cadastre.*) Texte : page 32.
Château Ch^au 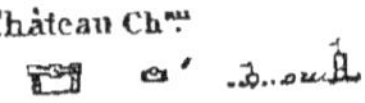	Châteaux.
	— avec chapelle.
	— fermé.

Signes conventionnels.	
	Château-fort.
	— ouvert.
	— ruiné.
	Chaussée.
	Chaux. *Voir* Pierres. (*Minéralogie.*)
	Chebecks ennemis (avisos au-dessous de 20 canons).
	— français —
	Chef d'escadron.
	Chef-lieu d'arrondissement. *Voir* Sous-préfecture.
	— de canton. *Voir* Canton.
	— de division militaire.
	— de Justice de paix. *Voir* Canton.
	— de préfecture. *Voir* Préfecture.
	— de sous-préfecture. *Voir* Sous-préfecture.
	Chemins communaux et Sentiers.
	— — classés.
	— de communication.

Signes conventionnels.	
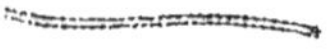	Chemins d'exploitation.
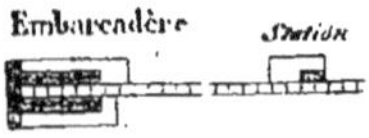 Embarcadère Station	— de fer.
	— vicinaux.
 avec arbres	— — ou ruraux.
 Chenal 27	Chenal. (*Cartes marines.*)
Cm	Chrome. (*Minéralogie.*)
	Citadelle.
	Clocher servant de point trigonométrique.
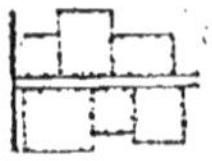	Clôtures en buissons.
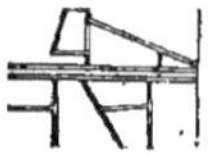	— en fossés plains d'eau.
	— en haie.
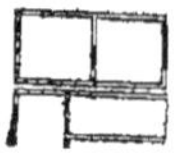	— en levée de terre avec arbres et sans arbres.
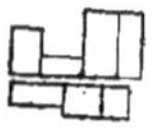	— en pierre.
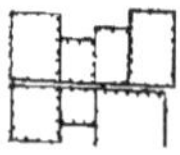	— en planches ou à claire-voie.
K	Cobalt. (*Minéralogie.*)
	Colonne.

Signes conventionnels.	
.	Colosse.
	Combat.
	Combustibles. (*Minéralogie.*)
11	— Charbon. (*Minéralogie.*)
S	— Soufre. —
	Commanderie.
	— de l'ordre de Malte.
	— de l'ordre Teutonique.
	Commissariat de commerce.
 avec arbres.	Communications (grandes).
	Conservations des forêts. *Voir* Forêts.
	Constructions. *Voir* Bâtiments.
Coq. be	Coquilles brisées. (*Cartes marines.*)
g. Coq.	— grosses —
Coq. moul.	— moulues —
Coq.	— petites —
Cor.	Corail.
	Cornéennes. *Voir* Roches. (*Minéralogie.*)

Signes conventionnels.	
	Cornette. Un capitaine de vaisseau, commandant une division, porte une cornette au grand mât, hissée le long du mât.
	**Cornette.** Un lieutenant de vaisseau, commandant une division de frégates ou autres bâtiments de guerre, porte la cornette enverguée au grand mât
	Corps de garde.
	Corps mort.
	Corvettes de 20 canons ennemies.
	— — françaises.
696 *Hauteur exacte.* 213 *Haut. relative.*	Cotes de niveau. *Voir* Montagnes.
	Courants (Direction de). (*Carte marine.*)
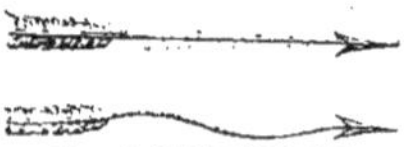	Cours des fleuves (Flèches indiquant les).
	Côtes basses boisées.
	Côtes très-escarpées.
	Côtes montueuses, terminées par des roches peu élevées.
	— sablonneuses.
	Couvent de femmes.
	— d'hommes.

Signes conventionnels.	
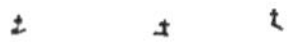 ± ± t	Croix.
	Cuirassiers. *Voir* Carabiniers.
Ⓒ	Cuivre.
C. D.	Cultures diverses (*Cadastre*).
C. M.	— mêlées.
+	Cure.
	Cutters ennemis (Avisos au-dessous de 20 canons).
	— français —
	Déblais (*Chemins de fer*).
	Départements ou Préfectures.
+	Desservant.
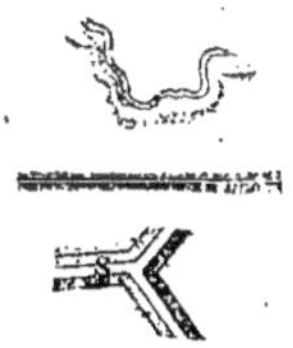	Digue.
	— avec fossés.
	Direction d'artillerie. *Voir* Artillerie.
	— des courants. *Voir* Courants.

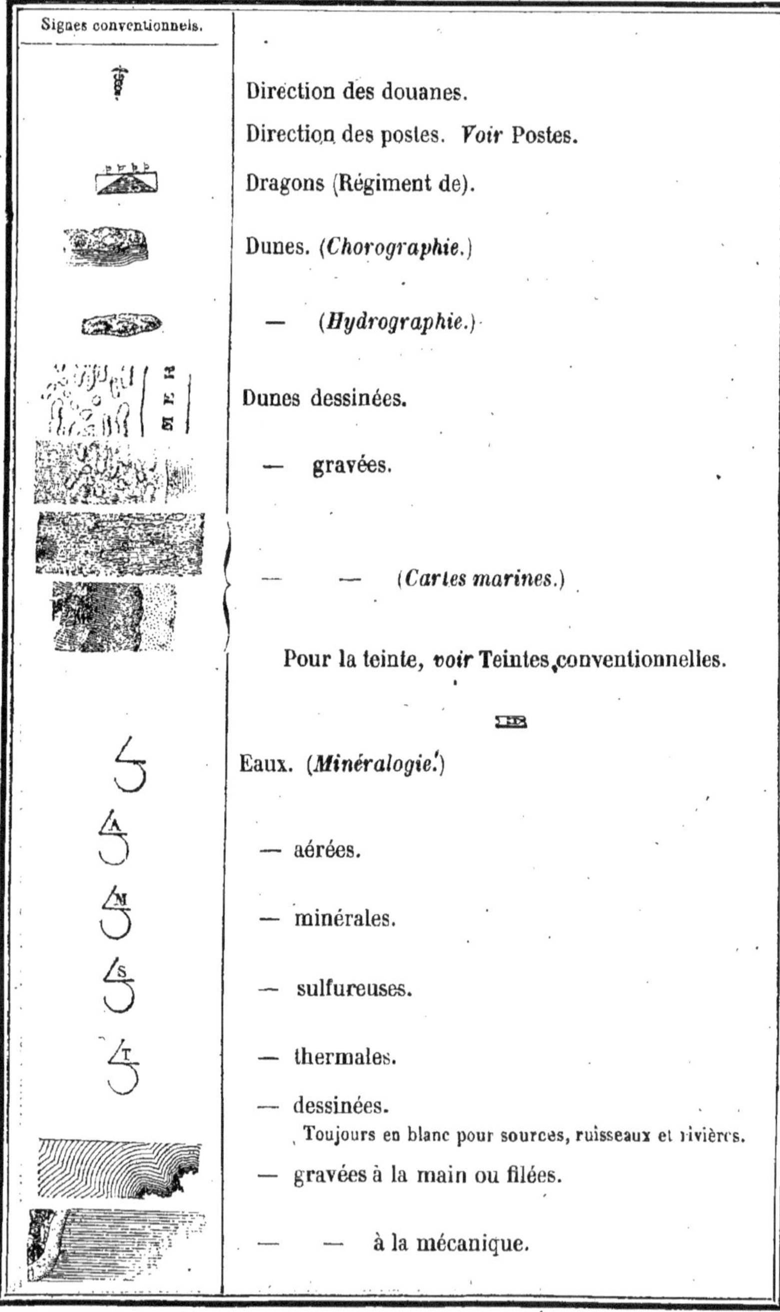

Direction des douanes.

Direction des postes. *Voir* Postes.

Dragons (Régiment de).

Dunes. (*Chorographie.*)

— (*Hydrographie.*)

Dunes dessinées.

— gravées.

— — (*Cartes marines.*)

Pour la teinte, *voir* Teintes conventionnelles.

Eaux. (*Minéralogie.*)

— aérées.

— minérales.

— sulfureuses.

— thermales.

— dessinées.

Toujours en blanc pour sources, ruisseaux et rivières.

— gravées à la main ou filées.

— — à la mécanique.

Signes conventionnels.	
	Eaux imitant les vagues, pour mer. Pour la teinte, *voir* Teintes conventionn.
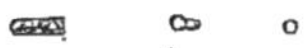	Église.
o	— Clochers.
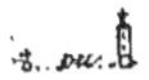	— isolée.
	— ruinée.
	Embarcadère. *Voir* Chemins de fer.
	Étang.
	— marécageux.
(S)	Étain. (*Minéralogie.*)
	Escarpements.
	Évêché.
	☞
	Falaises.
F n	Fange noire. (*Cartes marines.*)
F v	— verte ou Vase molle fétide. (*Cartes mar.*)
o	Fanal. (*Chorographie.*)

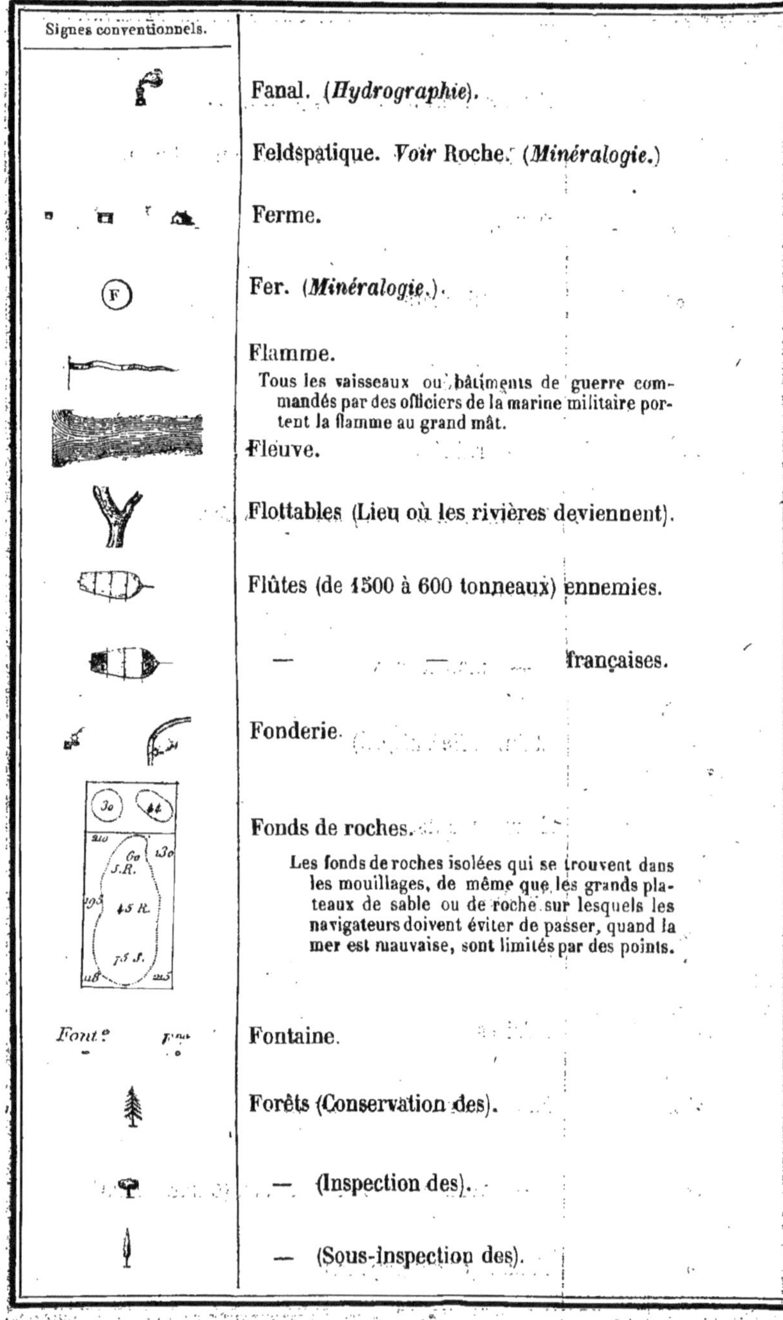

Fanal. (*Hydrographie*).

Feldspatique. *Voir* Roche. (*Minéralogie.*)

Ferme.

Fer. (*Minéralogie.*)

Flamme.

Tous les vaisseaux ou bâtimens de guerre commandés par des officiers de la marine militaire portent la flamme au grand mât.

Fleuve.

Flottables (Lieu où les rivières deviennent).

Flûtes (de 1500 à 600 tonneaux) ennemies.

— françaises.

Fonderie.

Fonds de roches.

Les fonds de roches isolées qui se trouvent dans les mouillages, de même que les grands plateaux de sable ou de roche sur lesquels les navigateurs doivent éviter de passer, quand la mer est mauvaise, sont limités par des points.

Fontaine.

Forêts (Conservation des).

— (Inspection des).

— (Sous-inspection des).

Signes conventionnels.	
	Forêts et bois dessinés.
	— — gravés. (Lumière zénithale.)
	— — — (Lumière oblique.)
	Pour la teinte, *voir* Teintes conventionnelles.
	Forge, usine.
	Forts.
	Fossés.
	Foulon. *Voir* Pierre à foulon. (*Minéralogie.*)
	Four à chaux.
	— à plâtre.
	Fourneaux.
 44	Frégates ennemies de 44 canons.
44	— françaises —
 36	— ennemies de 36 canons.
36	— françaises —
 28	— ennemies de 28 canons.
28	— françaises —

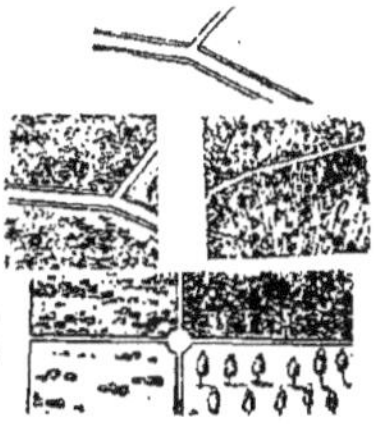

Signes conventionnels.	
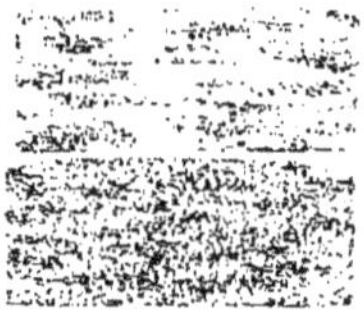	Friches dessinées.
	— gravées.
	Pour la teinte, *voir* Teintes conventionnelles.
F.	Futaie ou bois de futaie. (*Cadastre.*)
	Gabares ennemies de 200 à 600 tonneaux.
	— françaises —
	Galets dessinés.
	— gravés.
	Pour la teinte, *voir* Teintes conventionnelles.
Gal.	— (*Cartes marines.*)
	Galiotes à bombes ennemies.
	— françaises.
	Gendarmerie (Légion de).
	Génie (Direction du).
	— maritime (Direction du).
	Glaiseuse. *Voir* Pierre. (*Minéralogie.*)
	Gnéisienne. *Voir* Roche. —

Signes conventionnels.	
	Goëlettes au-dessous de 20 canons, ennemies.
	— — françaises.
Goë.	Goëmon. (*Cartes marines.*) On désigne sous ce nom toutes les plantes marines qui croissent sur les roches et les pierres.
	Granitique. *Voir* Roche. (*Minéralogie.*)
	— — Pierre. —
	Gravier.
Gr.	— (*Cartes marines.*)
g Gr.	— (Gros). —
	Grenadiers (bataillon de) français.
	Grès. *Voir* Pierre. (*Minéralogie.*)
	Gué à cheval.
	— à pied.
	— pour les hommes et les chevaux.
	— pour les voitures.
	Gypseuse. *Voir* Roche. (*Minéralogie.*)
	H
	Haies dessinées.
	— gravées.
	Pour la teinte, *voir* Teintes conventionnelles.

Signes conventionnels.	
	Hameau.
	— avec chapelle.
	— ruiné.
	Haras ordinaire.
	— d'exception.
H.	Hautin. (*Cadastre.*)
Herb.	Herbier. Fond vaseux couvert par de petites plantes marines, dans lequel les ancres prennent facilement et tiennent bien.
	Hermitage.
HL.	Houblonnière. (*Cadastre.*)
	Houillère.
	Hussards (Régiment de) français.
	I
	Iles de sable.
	Infanterie. (Signes destinés aux établissements milit.)
	— Ancienne position.
	— (Avant-poste d').
	— (Grand' garde d').

Signes conventionnels.	
	Infanterie de ligne ennemie.
	— (Demi-brigade d') française.
	— légère ennemie.
	— (Demi-brigade d') française.
	Inscription maritime.
	Inspection des forêts. *Voir* Forêts.
	Jadienne. *Voir* Roche. (*Minéralogie.*)
J.	Jardins, d'agrément et potager. (*Cadastre.*)
	— s'expriment en blanc dans la carte de Cassini.
	— dessinés.
	— gravés.
	Pour la teinte, *voir* Teintes conventionnelles.
	Justice.
	— (Basse).
	— (Haute).
	— (Moyenne).
	Justice de paix. *Voir* aussi Canton.

Signes conventionnels.	
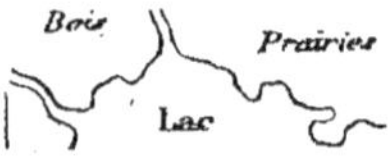 Bois Prairies Lac	Lac dessiné.
 Lac	— gravé.
	Laisse de basse mer. (*Chorographie.*)
	— — (*Hydrographie.*)
	— de haute mer. (*Chorographie.*)
	— — (*Hydrographie.*)
Ld.	Landes. (*Cadastre.*)
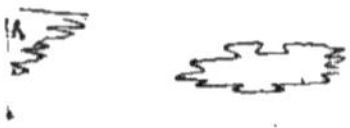	— dessinées.
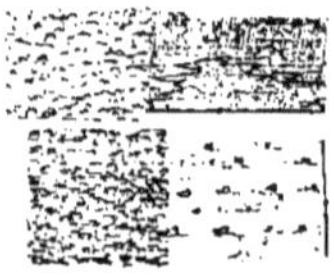	— gravées.
	Pour la teinte, *voir* Teintes conventionnelles.
	Laves. *Voir* Substances volcaniques. (*Minéralogie.*)
	Légion d'honneur (Chef-lieu de cohorte).
	— — (Chef de). Résidence.
	Lignes, retranchements, redoutes.
	Limites. (*Cadastre.*) *Voir* Teintes conventionnelles.
	— d'arrondissement. (*Cartes topographiques.*)

Signes conventionnels.	
....	Limites de cantons.
....	— de communes.
- - - - - - - - - - -	— de départements.
+ — + — + — + — +	— d'États.
	Pour la teinte, *voir* Teintes conventionnelles.
	M
	Madrague. (*Chorographie.*)
	— (*Hydrographie.*)
Mad.	Madrépores. (*Cartes marines.*) Petits Madrépores ramifiés, de couleur rouge, que l'on trouve ordinairement sur les fonds argileux.
Mad. j.	— Petits Madrépores roulés et décolorés, formant une espèce de gravier jaunâtre.
	Maison isolée.
(M)	Manganèse. (*Minéralogie.*)
	Manoir ou édifice remarquable.
	Manufacture.
	— d'armes blanches. *Voir* Armes blanches.
	— — à feu. — Armes à feu.
	Marais dessinés.

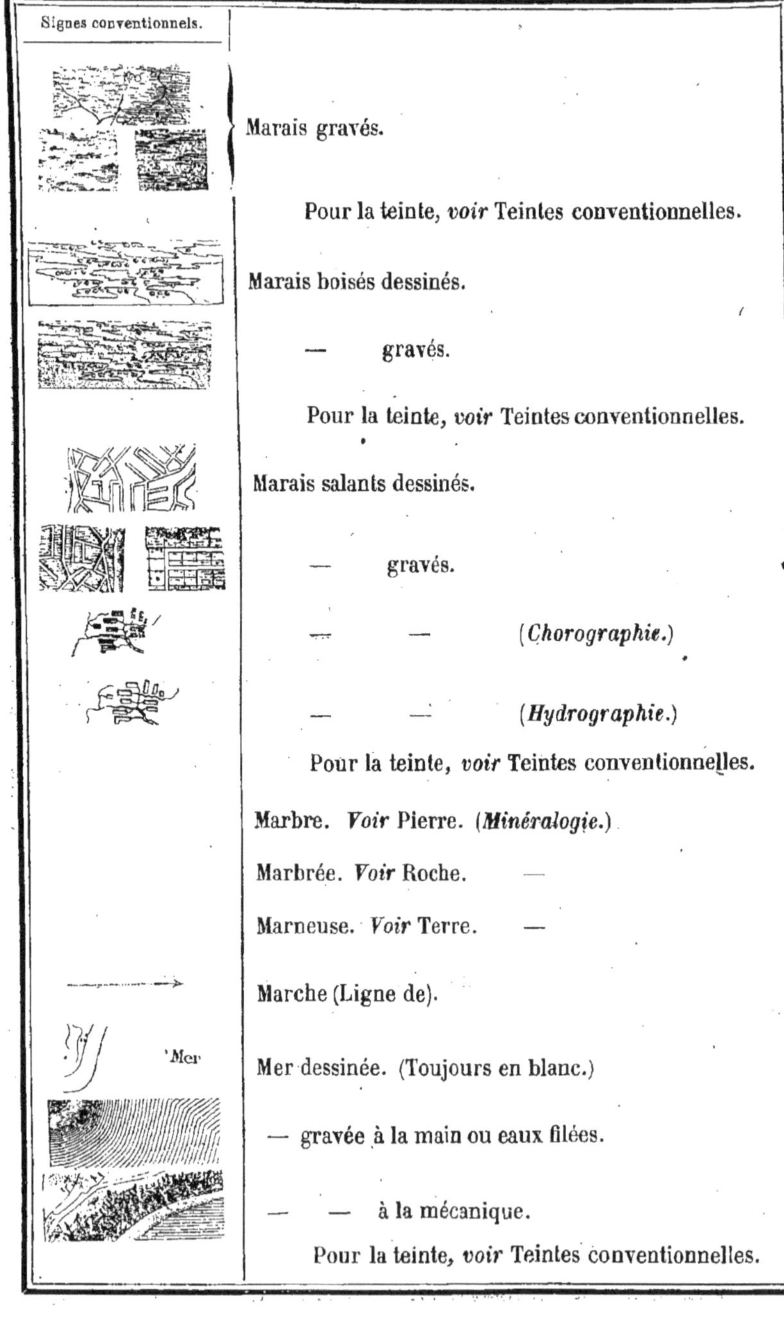

Signes conventionnels.	
	Marais gravés.
	Pour la teinte, *voir* Teintes conventionnelles.
	Marais boisés dessinés.
	— gravés.
	Pour la teinte, *voir* Teintes conventionnelles.
	Marais salants dessinés.
	— gravés.
	— — (*Chorographie.*)
	— — (*Hydrographie.*)
	Pour la teinte, *voir* Teintes conventionnelles.
	Marbre. *Voir* Pierre. (*Minéralogie.*)
	Marbrée. *Voir* Roche. —
	Marneuse. *Voir* Terre. —
	Marche (Ligne de).
Mer	Mer dessinée. (Toujours en blanc.)
	— gravée à la main ou eaux filées.
	— — à la mécanique.
	Pour la teinte, *voir* Teintes conventionnelles.

Signes conventionnels.	
	Mercure. (*Minéralogie.*)
	Meulière. *Voir* Pierre. —
	Métaux. —
	Micacée. *Voir* Roche. —
	Minérales. *Voir* Eaux. —
	Môles.
	Molybdène. (*Minéralogie.*)
	Monastère de femmes.
	— d'hommes.
	Monnaies (Hôtel des).
Mont Valérien,	**Montagnes et reliefs du terrain, exprimés :**
	Par des courbes de niveau équidistantes. (*Lumière verticale.*) Les nombres isolés indiquent les hauteurs en mètres au-dessus du niveau de la mer.
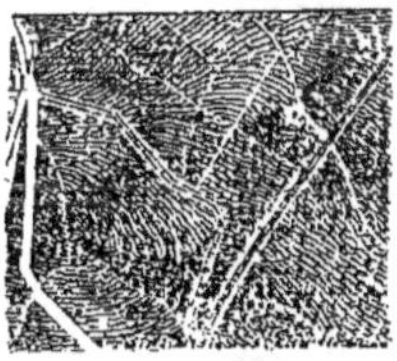 	Par des hachures arbitrairement fixées et espacées. (*Lumière oblique.*) — — — —

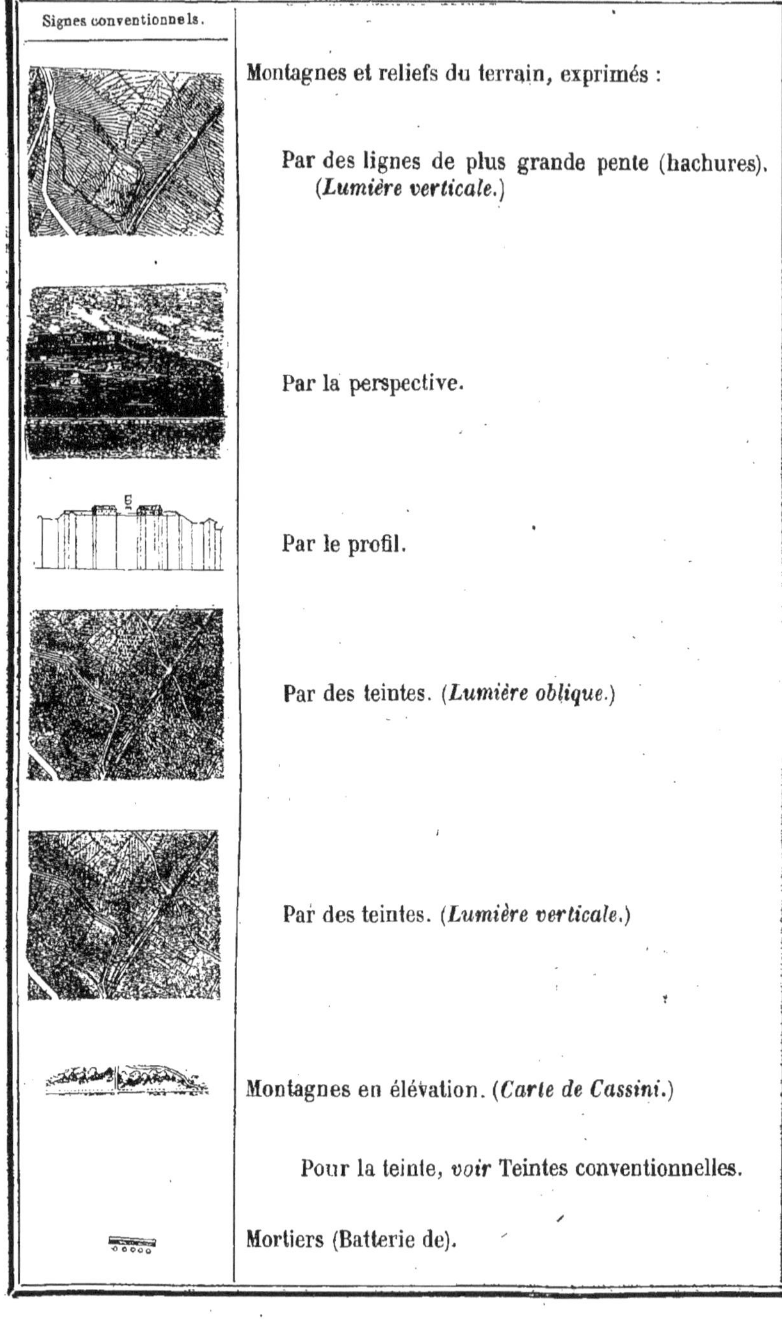

Signes conventionnels.	
	Montagnes et reliefs du terrain, exprimés :
	Par des lignes de plus grande pente (hachures). (*Lumière verticale.*)
	Par la perspective.
	Par le profil.
	Par des teintes. (*Lumière oblique.*)
	Par des teintes. (*Lumière verticale.*)
	Montagnes en élévation. (*Carte de Cassini.*)
	Pour la teinte, *voir* Teintes conventionnelles.
	Mortiers (Batterie de).

Signes conventionnels.	
	Mosquée.
	Mouillages.
	— des petits bâtiments.
	— de vaisseaux de ligne.
	Moulin à aubes.
	— à eau.
	— à pots.
	— à vent.
	— — avec habitation.
	— — en bois.
	— — en pierre.
	N
	Navigables (lieu où les rivières deviennent).
	Nickel. (*Minéralogie.*)
	O
	Obélisque.
	Ocreuse. *Voir* Terre. (*Minéralogie.*)

Signes conventionnels.	
OL.	Olivets. (*Cadastre.*)
	Ophytique. *Voir* Roche. (*Minéralogie.*)
	Or. (*Minéralogie.*)
Os.	Oseraie. (*Cadastre.*)
	P
	Panne (Bâtiment en).
	— (Vaisseau en).
	Paquebots ennemis au-dessous de 20 canons.
	— français —
	Parc d'artillerie.
	— de charrois.
	— de sapeurs.
	— de vivres.
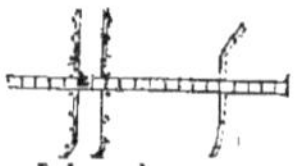	Passages à niveau. (*Chemin de fer.*)
	— en dessus. —
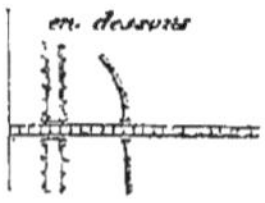 en dessous	— en dessous. —
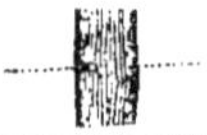	— de bateaux.

Signes conventionnels.	
	Passage d'eau.
	Payeur militaire.
	Pavillon. L'amiral porte un pavillon carré au grand mât.
	— Le contre-amiral, un pavillon carré au mât d'artimon.
	— Le vice-amiral, un pavillon carré au mât de misaine.
	Pêcheries. (*Chorographie.*)
	— (*Hydrographie.*)
PT.	Pâture. (*Cadastre.*)
PP.	Pépinières —
	Pétrociliceuse. *Voir* Roche. (*Minéralogie.*)
 Phare	Phare ou Fanal.
	Pierres. (*Minéralogie.*)
Ac	— aiguisante. —
Ar	— arénacée. —
Ag	— argileuse. —
B	— brèche. —
Ca	— calcaire. —

Signes conventionnels.	
◇ Cs	Pierres à chaux. (*Minéralogie.*)
◇ G	— granitique. —
◇ Ar	— de grès. —
◇ MB	— marbre. —
◇ Ml	— meulière. —
◇ Gp	— à plâtre. —
◇ Cd	— poudingue. —
◇ St	— schisteuse. —
Pr.	Pierres. (*Cartes marines.*)
g Pr.	— (Grosses). —
	Pierres qui couvrent et découvrent.
	Pierreuses. *Voir* Substances volcaniques. (*Minéral.*)
	Place forte du 1er ordre.
	— 2e —
	— 3e —
	Plages et Roches qui couvrent et découvrent.
	Plages de sable.

Signes conventionnels.	
	Plages de sable qui couvrent et découvrent.
	— de vase.
(P)	Platine. (*Minéralogie.*)
(P)	Plomb. —
Pyramide △ Sig. △	Point trigonométrique.
	Ponce. *Voir* Substances volcaniques. (*Minéralogie.*)
	Pont. (*Chemin de fer.*)
	— de bateaux.
	— de bois.
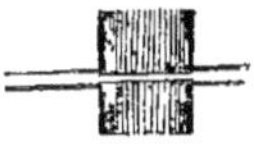	— tout en bois.
	— en bois avec piles en pierre.
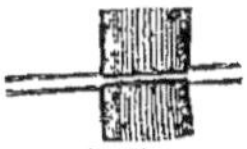	— en fer.
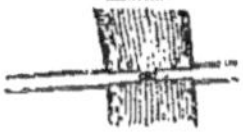	— -levis avec abords en bois.
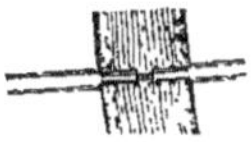	— — — en pierre.
	— de pierre.
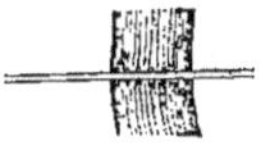	— pontons.
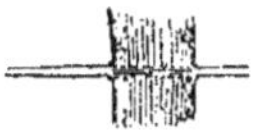	Pont suspendu.

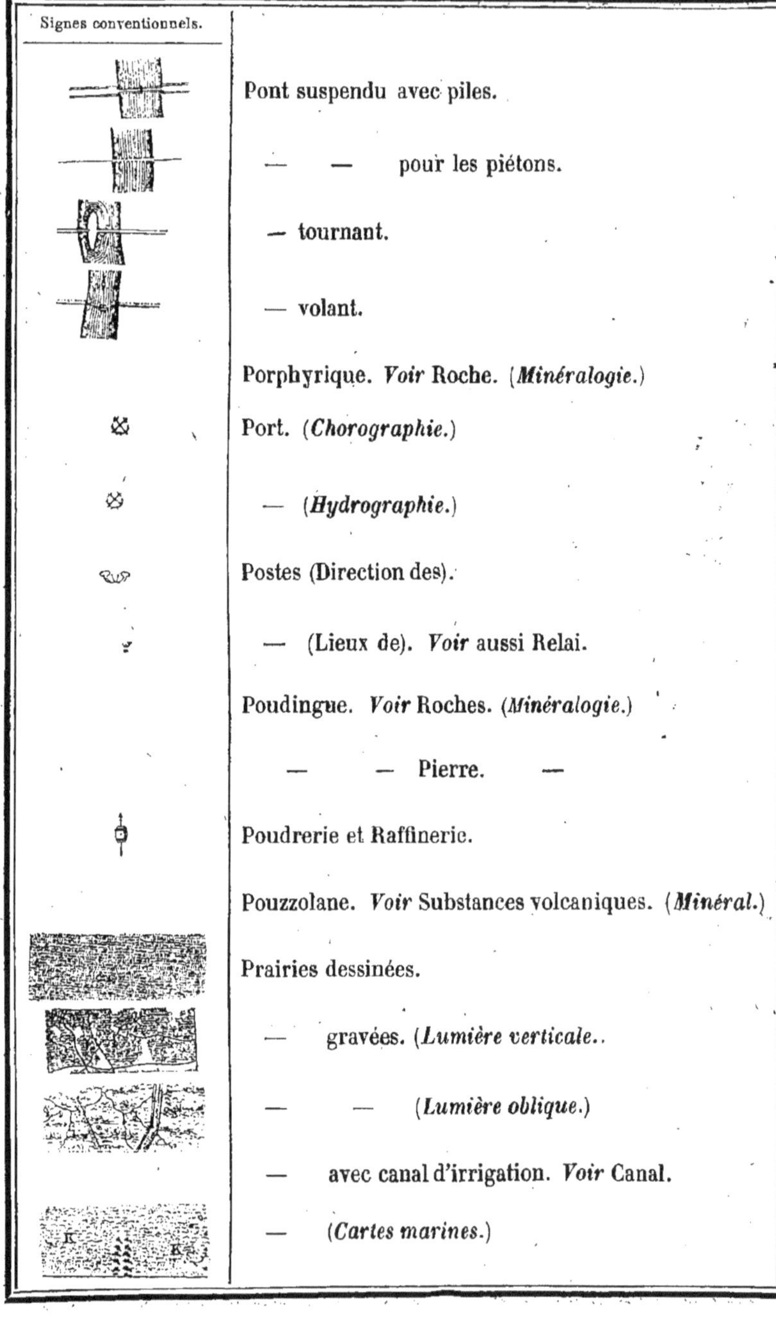

Signes conventionnels.	
	Pont suspendu avec piles.
	— — pour les piétons.
	— tournant.
	— volant.
	Porphyrique. *Voir* Roche. (*Minéralogie.*)
	Port. (*Chorographie.*)
	— (*Hydrographie.*)
	Postes (Direction des).
	— (Lieux de). *Voir* aussi Relai.
	Poudingue. *Voir* Roches. (*Minéralogie.*)
	— — Pierre. —
	Poudrerie et Raffinerie.
	Pouzzolane. *Voir* Substances volcaniques. (*Minéral.*)
	Prairies dessinées.
	— gravées. (*Lumière verticale.*.
	— — (*Lumière oblique.*)
	— avec canal d'irrigation. *Voir* Canal.
	— (*Cartes marines.*)

Signes conventionnels.	
	Prairies marécageuses. (*Carte marine.*)
	— qui couvrent de haute mer.
	Pour la teinte, *voir* Teintes conventionnelles.
PF	Préfecture ou de département (Chef-lieu de).
	— *Voir* Département.
	— maritime.
P.	Prés. (*Cadastre.*)
	— *Voir* Prairie.
Puits *Puits*	Puits.
	Pyramide.
	Q
	Quartier général ennemi.
	— — français.
	Quartzeuse. *Voir* Roche. (*Minéralogie.*)
	R
	Ravins.
	Récifs et Brisants. (*Chorographie.*)
	Récifs et Brisants. (*Hydrographie.*)

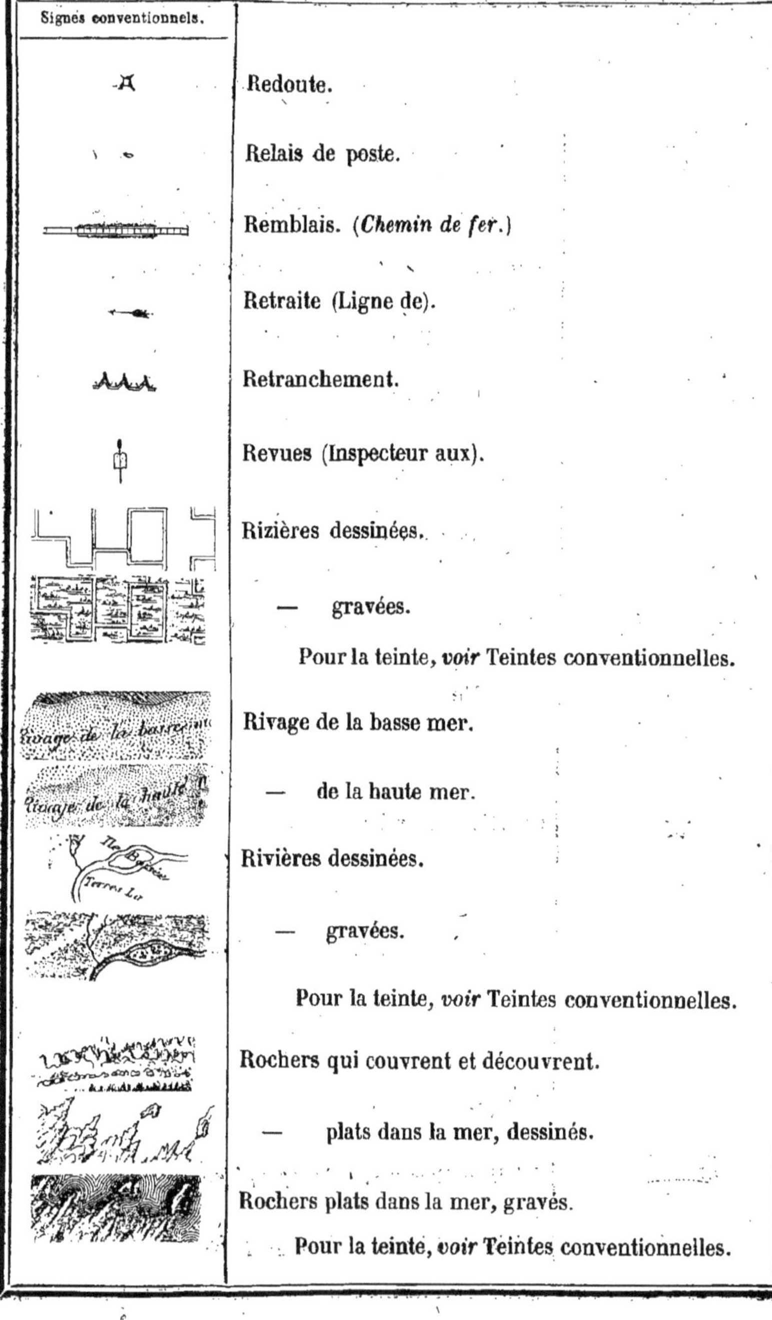

Signes conventionnels.	
	Redoute.
	Relais de poste.
	Remblais. (*Chemin de fer.*)
	Retraite (Ligne de).
	Retranchement.
	Revues (Inspecteur aux).
	Rizières dessinées.
	— gravées.
	Pour la teinte, *voir* Teintes conventionnelles.
	Rivage de la basse mer.
	— de la haute mer.
	Rivières dessinées.
	— gravées.
	Pour la teinte, *voir* Teintes conventionnelles.
	Rochers qui couvrent et découvrent.
	— plats dans la mer, dessinés.
	Rochers plats dans la mer, gravés.
	Pour la teinte, *voir* Teintes conventionnelles.

Signes conventionnels.	
	Rochers sur les bords de la mer. (*Chorographie.*)
	— — — (*Hydrographie.*)
	— qui couvrent et découvrent.
☐	Roches. (*Minéralogie.*)
Ac	— aiguisante.
Ap	— amphibolique.
Ar	— arénacée.
Ag	— argileuse.
B	— brèche.
Cc	— calcaire.
Cn	— cornéenne.
F	— feldspathique.
G	— gneissienne.
g	— granitique.
Gp	— gypseuse.
J	— jadienne.
MB	— marbrée.

Signes conventionnels.	
M	Roche micacée. (*Minéralogie.*)
O	— ophytique.
P	— pétrociliceuse.
Pp	— porphyrique.
Pd	— poudingue.
Q	— quartzeuse.
St	— schisteuse.
Sp	— serpentineuse.
T	— talqueuse.
R.	Roche. (*Carte marine.*) *Voir* aussi Côtes très-escarpées.
	Roches qui couvrent et découvrent. (*Chorographie.*)
	— — — (*Hydrographie.*)
	— qui ne découvrent jamais. (*Chorographie.*)
‡	— — — (*Hydrographie.*)
	— toujours découvertes. (*Chorographie.*)
	— — — (*Hydrographie.*)
	— dangereuses dont l'existence est certaine; mais dont les positions sont douteuses. (*Carte marine.*)

Signes conventionnels.	
	Roches dangereuses dont on n'a pas pu avoir exactement le brassiage.
	— dont l'existence est incertaine.
R. inég.	— inégales.
	— isolées qui ne découvrent pas, mais sur lesquelles les bâtiments peuvent échouer.
	— quand le brassiage des roches de cette espèce est connu, on l'écrit en dedans des points, lorsque cela est possible.
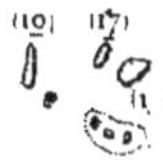	— qui couvrent et découvrent.
	— qui ne couvrent jamais.
R. déc.	— qui sont dans l'état de décomposition et que les marins nomment Roches pourries et Roches molles.
	Roseaux.
	Routes auxiliaires ou grandes communications classées.
 avec arbres	— — avec arbres.
	Route communale.
	— — de grandes communications.
	Routes départementales.
 tracées, ouvertes, terminées	— — tracées, ouvertes et terminées.
	— empierrées bordées d'arbres et sans arbres. (*Route impériale.*)
	— empierrées bordées d'arbres et sans arbres. (*Route départementale.*)
	— encaissée.

Signes conventionnels.	
	Routes en chaussée.
	Routes en blocage, bordées d'arbres et sans arbres. (*Route départementale.*)
	— en bois, bordées d'arbres et sans arbres. (*Route départementale.*)
	— en terrain naturel.
	— impériales.
 tracées. ouvertes terminées.	— — tracées, ouvertes et terminées.
	Route de poste ferrée.
	— pavée.
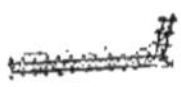	— — et bordée d'arbres.
 Borne 12	Routes pavées, bordées d'arbres et sans arbres. (*Route impériale.*)
	— — — — (*Route départementale.*)
 Ruines	Ruines.
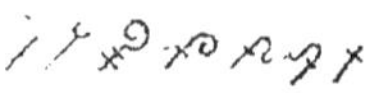	— (Signes de).
	Ruisseaux.
S.	Sable. (*Carte marine.*)
 MER	— dessiné.

Signes conventionnels.	
	Sable gravé.
	Pour la teinte, *voir* Teintes conventionnelles.
S.f.	— fin. (*Carte marine.*)
S.bl.	— fin blanc. —
S.gris	— fin gris. —
g S.	— (Gros). —
S. Vc.	— vaseux compacte. —
	Salines.
	Santon.
Sp.	Sapinière. (*Cadastre.*)
Ss.	Saussaie. —
(SI)	Schélen. (*Minéralogie.*)
	Schisteuse. *Voir* Roche. (*Minéralogie.*)
	— — Pierre. —
	Scorifère. — Substances volcaniques (*Minéral.*)
	Sénatorerie.
	Scierie.
	Sentiers. *Voir* Chemins communaux.
	— (*Carte de Cassini.*)

Signes conventionnels.	
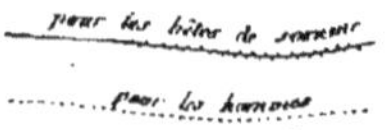 pour les bêtes de somme pour les hommes	Sentiers importants en plaine et Sentiers en pays de montagne.
	— en pays de montagne.
	Serpentineuse. *Voir* Roche. (***Minéralogie.***)
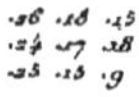 .26 .18 .15 .24 .17 .18 .25 .15 .9	Sondes.
	Soufre. *Voir* Combustibles. (***Minéralogie.***)
	Sources.
SP	Sous-préfecture ou d'arrondissement (Chef-lieu de).
	Sous-préfecture.
	Station. *Voir* Chemins de fer.
	Substances volcaniques ou Laves. (***Minéralogie.***)
 A	— — alumineuse. —
B	— — basaltique. —
C	— — cendrée. —
P	— — pierreuse. —
Pc	— — ponce. —
Pz	— — pouzolane. —
 S	— — scorifère. —
Tp	— — tripoli. —

Signes conventionnels.	
T	Substances volcaniques : Tuf. (*Minéralogie.*)
V	— — Vitreuse. —
	Sulfureuses. *Voir* Eaux. —
	Talqueuse. *Voir* Roche. (*Minéralogie.*)
	Teintes conventionnelles pour les : Bâtiments et constructions.
	— — civils.
	— militaires : Artillerie.
	— — Génie.
	— — Marine.
	— particuliers.
	Broussailles.
	Bruyères.
	Dunes.
	Eaux : Sources, ruisseaux, rivières, fleuves, étang et lac.
	— — mer.
	Forêts et bois.

Signes conventionnels.	Teintes conventionnelles pour les :
	Friches.
	Galets.
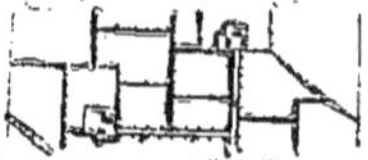	Haies.
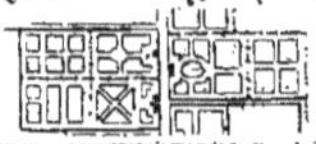	Jardins.
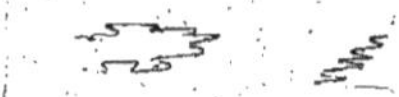	Landes.
	Limites d'arrondissements. (*Cartes topogr. et géogr.*
	— de cantons.
	— de communes.
	— de départements.
--+--+--+--+--	— d'États.
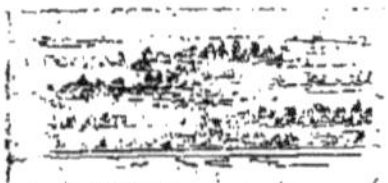	Marais.
	— boisés.
	— salants.
	— prairies.
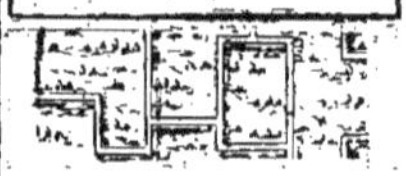	— rizières.
	— rochers plats dans la mer.
	Sables.

Signes conventionnels.	
	Teintes conventionnelles pour les:
	Terres humides.
	Terres labourées dans des pays de montagnes.
	Tourbières.
	Vases.
	Vergers.
	Vignobles.
	Télégraphe.
(T)	Tellure.
T. P.	Terrain planté. (*Cadastre.*)
	Terres. (*Minéralogie.*)
Ar	— arénacée.
Ag	— argileuse.
Ca	— calcaire.
Af	— à foulon.
Ag	— glaiseuse.
Mn	— marneuse.
O	— ocreuse.

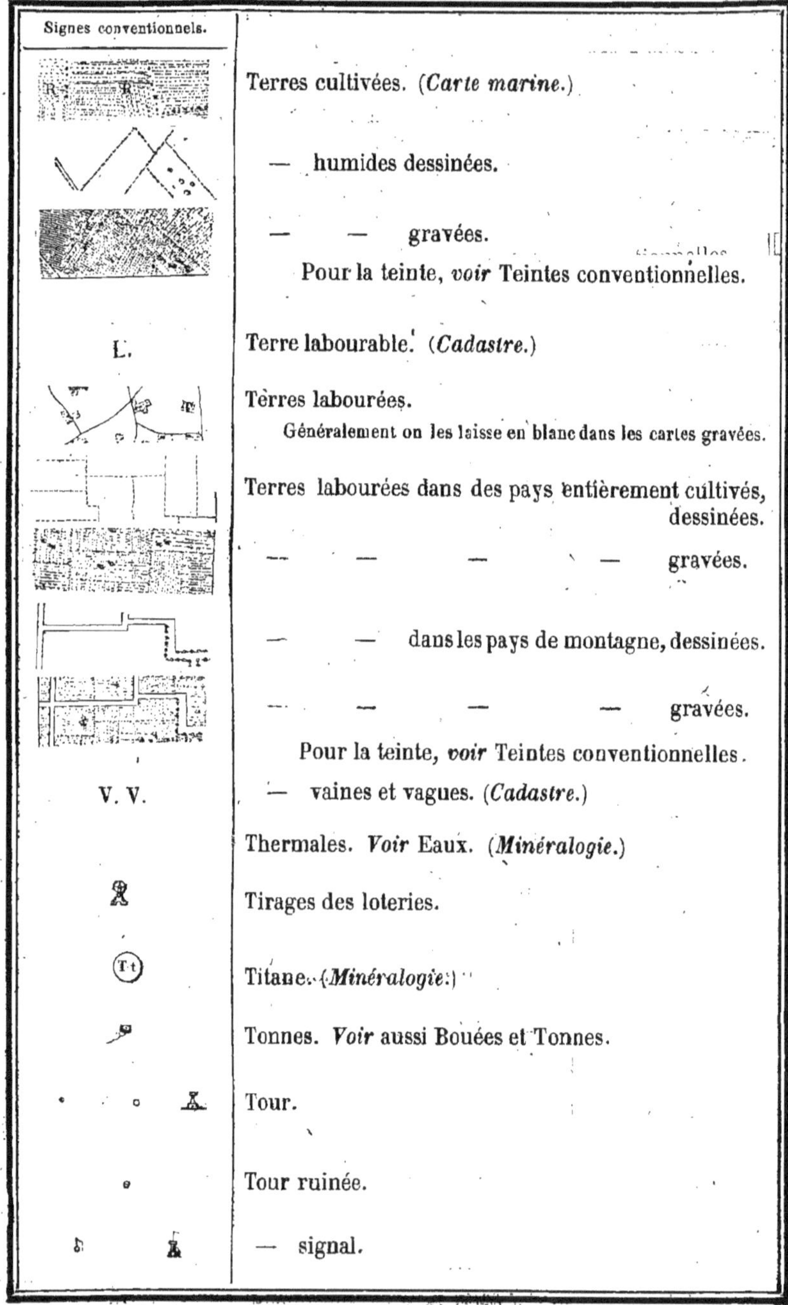

Signes conventionnels.	
	Terres cultivées. (*Carte marine.*)
	— humides dessinées.
	— — gravées. Pour la teinte, *voir* Teintes conventionnelles.
L.	Terre labourable. (*Cadastre.*)
	Terres labourées. Généralement on les laisse en blanc dans les cartes gravées.
	Terres labourées dans des pays entièrement cultivés, dessinées.
	— — — — gravées.
	— — dans les pays de montagne, dessinées.
	— — — — gravées. Pour la teinte, *voir* Teintes conventionnelles.
V. V.	— vaines et vagues. (*Cadastre.*)
	Thermales. *Voir* Eaux. (*Minéralogie.*)
	Tirages des loteries.
Tt	Titane. (*Minéralogie.*)
	Tonnes. *Voir* aussi Bouées et Tonnes.
	Tour.
	Tour ruinée.
	— signal.

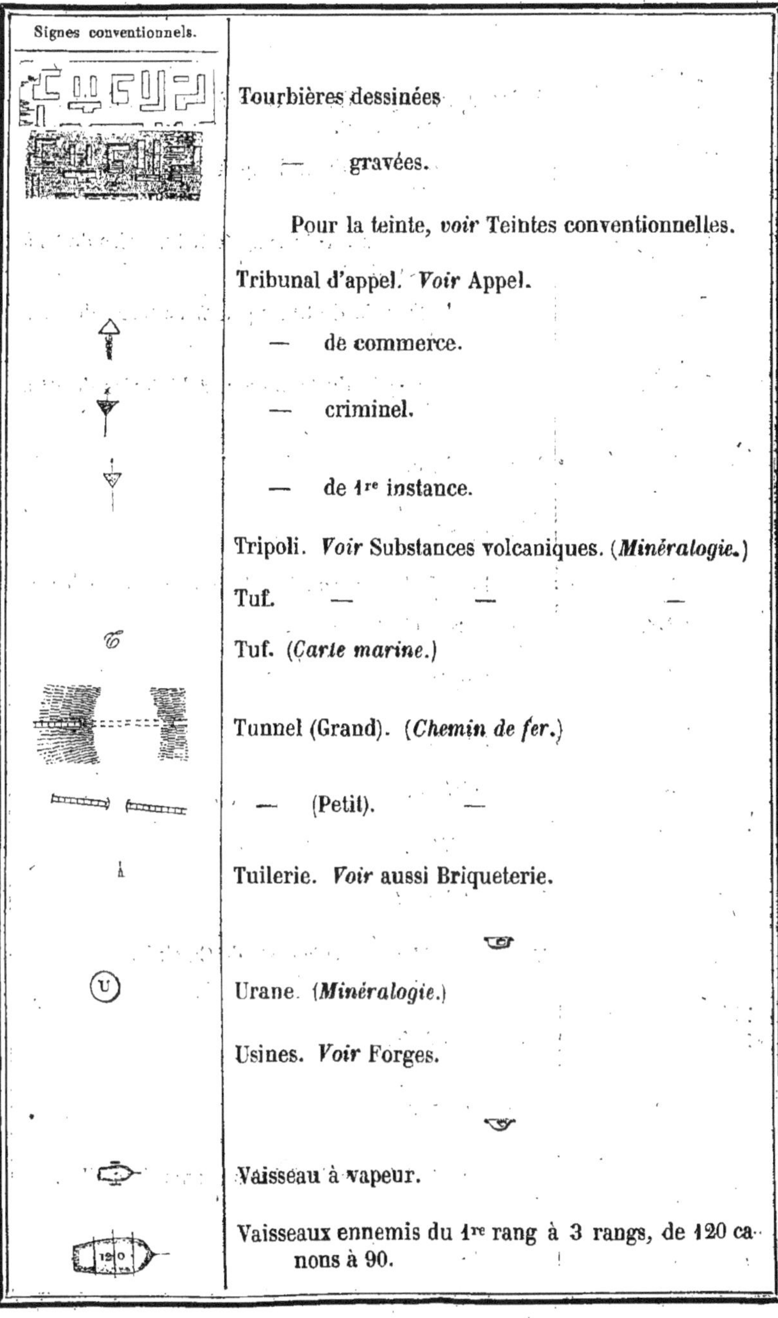

Signes conventionnels.	
	Tourbières dessinées
	— gravées.
	Pour la teinte, *voir* Teintes conventionnelles.
	Tribunal d'appel. *Voir* Appel.
	— de commerce.
	— criminel.
	— de 1re instance.
	Tripoli. *Voir* Substances volcaniques. (*Minéralogie.*)
	Tuf. — — —
	Tuf. (*Carte marine.*)
	Tunnel (Grand). (*Chemin de fer.*)
	— (Petit). —
	Tuilerie. *Voir* aussi Briqueterie.
	U
	Urane. (*Minéralogie.*)
	Usines. *Voir* Forges.
	V
	Vaisseau à vapeur.
120	Vaisseaux ennemis du 1re rang à 3 rangs, de 120 canons à 90.

Signes conventionnels.	
	Vaisseaux français du 1er rang à 3 ponts, de 120 canons à 90.
	— ennemis du 2e rang à 2 batteries de 30 à 74 canons.
	— français du 2e rang à 2 batteries de 30 à 74 canons.
	— ennemis du 3e rang à 2 batteries de 64 à 50 canons.
	— français du 3e rang à 2 batteries de 64 à 50 canons.
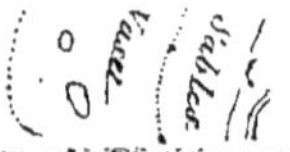 Vase. Sables.	Vase dessinée.
	— gravée. Pour la teinte, *voir* Teintes conventionnelles.
V. d.	— dure. (*Carte marine.*)
V. j.	— jaunâtre.
V. m.	— molle.
V. n.	— noirâtre.
V. v.	— verdâtre.
Vr.	Verger (*Cadastre*).
	Vergers (en blanc dans la carte de Cassini).
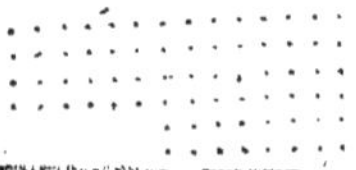	— dessinés.
	— gravés. Pour la teine, *voir* Teintes conventionnelles.
	Verrerie.

Signes conventionnels.	
	Vestiges d'anciennes voies romaines.
	Viaduc. (*Chemin de fer.*)
	Vignes dessinées. (*Lumière oblique.*)
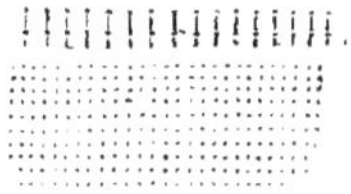	— — (— *verticale.*)
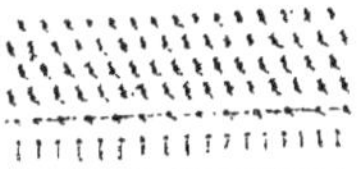	— gravées. (— *oblique.*)
	— (— *verticale.*)
	Pour la teinte, *voir* Teintes conventionnelles.
V.	Vigne (*Cadastre*).
	Village. *Voir* Bourgs et villages.
	— et Jardins.
	—
	— avec paroisse.
	— avec succursale.
	— avec un minaret.
	— avec plusieurs minarets.
	— avec temple non catholique.
	— ruiné.
	— sans minarets.

Signes conventionnels.	
	Ville fermée.
	— — du 1er ordre.
	— — — 2e —
	— — — 3e —
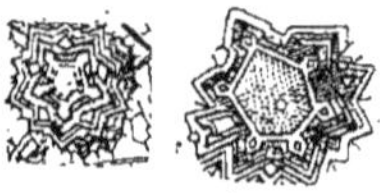	— fortifiée.
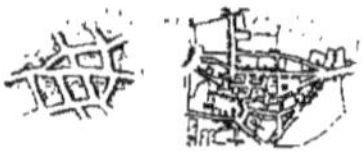	— ouverte.
	— — du 1er ordre.
	— — — 2e —
	— — — 3e —
	— ruinée.
	Vitreuse. *Voir* Substances volcaniques. (*Minéralogie.*)
(Z)	Zinc. *Minéralogie.*)

OBSERVATIONS

SUR LES SEPT CARTES QUI ACCOMPAGNENT LES TEINTES ET LES SIGNES CONVENTIONNELS

CARTES 1 ET 2.

Ces deux cartes reproduisent les modèles de topographie et les signes conventionnels adoptés pour la gravure des cartes exécutées par le Dépôt de la marine. Les explications précises et nombreuses qui y sont écrites dispensent de plus amples éclaircissements. On fera remarquer, toutefois, qu'afin d'éviter toute confusion dans l'esprit du lecteur, on a fait précéder le nom de chaque partie gravée d'une lettre majuscule, répétée sur la gravure elle-même. Ainsi, dans le premier carré de la planche 2e, donnant le modèle des roches, des falaises, des plages et des bancs de sables, on a fait précéder le nom de chacune de ces natures de terrain des lettres A, B, C, D, et on a répété une de ces diverses lettres sur la partie gravée représentant chaque nature de terrain. Une même lettre donnant le nom et l'indication du signe conventionnel de la partie gravée, il n'y a plus de confusion possible, et le moins clairvoyant ne peut prendre les falaises pour des roches ou des bancs de sables, et *vice versa*.

CARTES 3 ET 4.

La planche 3 est la carte d'assemblage des 157 feuilles et 24 demi-feuilles composant la carte géométrique de la France par Cassini. Chaque carré long porte un numéro d'ordre correspondant à une feuille de la carte. Ces numéros vont de 1 à 175 avec six numéros doublés, savoir : 20 *bis*, 40 *bis*, 59 *bis*, 108 *bis*, 131 *bis* et 155 *bis*.

Dans cette carte d'assemblage, la France est divisée en départements et en anciennes provinces. Les limites de départements sont des lignes ponctuées; les limites des provinces consistent en lignes croisées.

Voici le nom des provinces divisées en 32 grands gouvernements :

1. Alsace.
2. Anjou.
3. Artois.
4. Aunis.
5. Auvergne.
6. Béarn.
7. Berry.
8. Bourbonnais.
9. Bourgogne.
10. Bretagne.
11. Champagne.
12. Dauphiné.
13. France.
14. Foix (comté de).
15. Franche-Comté.
16. Guienne et Gascogne.
17. Ile-de-France.
18. Languedoc.

19. Limousin.
20. Lorraine.
21. Lyonnais.
22. Maine.
23. Marche (la).
24. Nivernais.
25. Normandie.
26. Orléanais.
27. Picardie.
28. Poitou.
29. Provence.
30. Roussillon.
31. Saintonge et Angoumois.
32. Touraine.

Le côté droit de ce tableau d'assemblage contient le spécimen des signes graphiques employés dans la gravure de la carte de Cassini. En voici l'explication :

Cette carte est censée éclairée par le lumière oblique; les terres labourées, les jardins et les vergers sont en blanc.

Les eaux de la mer sont représentées par des tailles et des entre-tailles (quelquefois par l'imitation des vagues); les eaux des fleuves, des rivières et des canaux sont filées.

Le rivage de la basse mer est représenté par des points ronds pour simuler des galets; le rivage de la haute mer par des points ronds beaucoup plus petits, pour imiter des grains de sable.

Les dunes ou montagnes de sable sont figurées par des points ronds rapprochés, noirs au sommet et allant se dégradant, pour imiter la montagne.

Le lac est limité par une ligne noire: l'eau est représentée par des tailles horizontales.

Les marais sont figurés par des imitations d'herbes; et les eaux, comme celles des lacs, par des lignes noires horizontales.

L'étang marécageux est limité, comme le lac, par une ligne noire; les eaux sont figurées par des lignes horizontales, et les marécages, par des imitations d'herbes.

La route communale est indiquée par deux lignes noires parallèles séparées par du blanc, et le sentier, par deux lignes ponctuées, également parallèles et séparées par des blancs.

Les rochers sont figurés par des lignes noires verticales plus ou moins rapprochées et quelquefois se confondant, en laissant quelques interstices blancs.

Les montagnes sont ordinairement représentées par des lignes noires qui se dégradent; la partie la plus noire indique l'altitude la plus élevée.

Les vignes sont figurées par des ceps, imitant un huit; les prairies, par des brins d'herbes.

Les ruisseaux sont indiqués par des lignes noires plus ou moins contournées; les canaux, par deux lignes parallèles très-fortes pour fixer les limites; au milieu sont d'autres lignes beaucoup plus ténues, faites pour exprimer les eaux.

Les landes sont représentées par des imitations d'arbustes espacés les uns des autres; les routes pavées sont indiquées par deux lignes noires parallèles avec de gros points ronds au milieu pour imiter des pavés; si les routes sont bordées d'arbres, ceux-ci sont représentés par des points noirs placés en dehors des lignes servant de limites.

Les montagnes en élévation, ainsi nommées parce que le spectateur, placé à la base, les voit se dresser devant lui, sont représentées par une imitation de leur aspect.

Enfin les arbres sont indiqués par l'imitation d'arbres ou de feuillages.

Quant aux autres signes graphiques usités pour représenter les villes ouvertes ou fortifiées, les paroisses, les succursales, les couvents et les abbayes d'hommes et de femmes, les cabarets, etc., leur signification est écrite devant chaque signe et rend toute explication inutile. On fera seulement remarquer que l'indication des cabarets et des couvents hospitaliers avait alors pour le voyageur une importance qu'elle a perdue complétement aujourd'hui.

La planche 4 est le spécimen de partie de la carte géométrique de la France, dite de l'Académie, levée par ordre du gouvernement sous la direction de Cassini de Thury, Camus et Montigny, en 1744, au $\frac{1}{86400}$; elle se compose de 160 feuilles et 24 demi-feuilles, en y comprenant la carte des triangles et les deux tableaux d'assemblage.

On a pris pour ce spécimen la même partie de la France que celle reproduite dans la planche 6 (carte de l'état-major); on a voulu donner au lecteur le moyen d'établir une comparaison entre la gravure exécutée il y a un siècle et celle d'aujourd'hui.

CARTES 5 ET 6.

La carte 5 est la carte d'assemblage des feuilles de la nouvelle carte de France, dite de l'état-major, gravée au Dépôt de la guerre, à l'échelle du $\frac{1}{80000}$, en 258 numéros, auxquels il faut ajouter 7 autres pour les trois départements annexés : la Savoie, la Haute-Savoie et les Alpes-Maritimes. Chaque feuille gravée porte un numéro d'ordre et a pour titre le nom d'une ville.

En voici la nomenclature :

TABLEAU *des 265 feuilles composant la nouvelle Carte de France disposées par numéros d'ordre.*

(Les astérisques indiquent les cartes publiées en demi-feuilles. —Les feuilles dont les noms ne figurent point dans ce tableau n'ont pas encore été publiées.)

1. Calais*.
2. Dunkerque*.
3. Boulogne*.
4. Saint-Omer.
5. Lille*.
6. Montreuil.*
7. Arras.
8. Douai.
9. Maubeuge*.
10. Saint-Valery*.
11. Abbeville.
12. Amiens.
13. Cambrai.
14. Rocroy.
15. Givet*.
16. Les Pieux*.
17. Cherbourg*.
18. Le Havre*.
19. Yvetot.
20. Neufchâtel.
21. Montdidier.
22. Laon.
23. Réthel.
24. Mézières.
25. Longwy*.
26. Sierck*.
27. Berneville*.
28. Saint-Lô.
29. Caen.
30. Lisieux.

31. Rouen.
32. Beauvais.
33. Soissons.
34. Reims.
35. Verdun.
36. Metz.
37. Sarreguemines.
38. Wissembourg*.
39. Neubourg réunie à 55.
40. Plouguerneau*.
41. Lannion.
42. Tréguier*.
43. Granville*.
44. Coutances.
45. Falaise.
46. Bernay.
47. Évreux.
48. Paris.
49. Meaux.
50. Châlons.
51. Bar-le-Duc.
52. Commercy.
53. Sarrebourg.
54. Saverne.
55. Lauterbourg et Neubourg*.
56. Ile d'Ouessant*.
57. Brest.
58. Morlaix.
59. Saint-Brieuc.
60. Dinan.
61. Avranches.
62. Alençon.
63. Mortagne.
64. Chartres.
65. Melun.
66. Provins.
67. Arcis.
68. Vassy.
69. Nancy.
70. Lunéville.
71. Strasbourg.
72. Quimper,
73. Le Faouet.
74. Napoléonville.
75. Rennes.
76. Laval.
77. Mayenne.
78. Nogent-le-Rotrou.
79. Châteaudun.
80. Fontainebleau.
81. Sens.
82. Troyes.
83. Chaumont.
84. Mirecourt.
85. Épinal.
86. Colmar.
87. Pont-l'Abbé*.
88. Lorient.
89. Vannes.
90. Redon.
91. Château-Gonthier.
92. La Flèche.
93. Le Mans.
94. Beaugency.
95. Orléans.
96. Auxerre.
97. Tonnerre.
98. Châtillon.
99. Langres.
100. Lure.
101. Altkirch.
102. Belle-Ile*.
103. Quiberon.
104. Savenay.
105. Ancenis.
106. Angers.
107. Tours.
108. Blois.
109. Gien.
110. Clamecy.
111. Avallon.
112. Dijon.
113. Gray.
114. Montbéliard.
115. Ferrette*.
116. Ile du Pilier*.
117. Nantes.
118. Beaupréau.
119. Saumur.
120. Loches.
121. Valençay.
122. Bourges.
123. Nevers.
124. Château-Chinon.
125. Beaune.
126. Besançon.
127. Ornans.
128. Ile d'Yeu*.
129. Palluau.
130. Napoléon-Vendée.
131. Bressuire.
132. Châtellerault.
133. Châteauroux.
134. Issoudun.
135. Saint-Pierre.
136. Autun.
137. Châlon-sur-Saône.
138. Lons-le-Saunier.
139. Pontarlier*.
140. Les Sables*.
141. Fontenay.
142. Niort.
143. Poitiers.
144. Aigurande.
145. Montluçon.
146. Moulins.
147. Charolles.
148. Mâcon.
149. Saint-Claude.
150. Ferney*.
151. Tour de Chassiron*.
152. La Rochelle.
153. Saint-Jean-d'Angély.
154. Confolens.
155. Guéret.
156. Aubusson.
157. Gannat.
158. Roanne.
159. Bourg.
160. Nantua.
160 *bis*.
160 *ter*.
161. Saintes.
162. Angoulême.
163. Rochechouart.
164. Limoges.
165. Ussel.
166. Clermont.
167. Montbrison.
168. Lyon.
169. Belley.
169 *bis*.
169 *ter*.
170. Lesparre.
171. Jonzac.
172. Périgueux.
173. Tulle.
174. Mauriac.
175. Brioude.
176. Monistrol.
177. Saint-Etienne.
178. Grenoble.
179.
179 *bis*.
180. Bordeaux.
181. Libourne.
182. Bergerac.
183. Brives.
184. Aurillac.
185. Saint-Flour.
186. Le Puy.
187. Valence.
188.
189.
190.
191. La Teste-de-Buch.
192. La Réole.

193. Villeréal.
194. Gourdon.
195. Figeac.
196. Mende.
197. Largentière.
198.
199.
200.
201.
202. Étang de St-Julien.
203. Sore.
204. Grignols.
205. Agen.
206. Cahors.
207.
208.
209.
210.
211.
212.
213.
213 *bis*.
214. Vieux-Boucau*.
215. Mont-de-Marsan.
216. Montréal.
217. Lectoure.
218. Montauban.
219. Alby.
220.
221.
222.
223.
224.
225.
225 *bis*.
226. Bayonne*.
227. Orthez.
228.
229. Auch.
230. Toulouse.
231.
232.
233.
234.
235.
236.
237.
238. St-J.-Pied-de-Port*.
239.
240.
241. Saint-Gaudens.
242. Pamiers.
243. Carcassonne.
244. Narbonne.
245. Marseillan.
246.
247.
248.
249.
250. Urdos.*.
251. Lus.
252. Bagnères.
253.
254.
255. Perpignan*.
256. Lhospitalet.
257. Prades.
258. Céret*.

Le côté droit de la carte d'assemblage contient un spécimen de tous les signes graphiques employés dans la gravure de la carte dite de l'état-major pour exprimer les natures de terrain et de culture, la montagne, les constructions, les routes, les canaux, etc.

En face de chacun d'eux, se trouve écrit son nom, ainsi que l'explication des abréviations pour les signes et les lettres isolées.

Tous ces signes sont ceux décrétés par la commission de topographie de 1828, et leur parfaite connaissance est indispensable pour l'intelligence des cartes gravées au Dépôt de la guerre.

La feuille 6 est un spécimen de la nouvelle carte de France dite de l'état-major; elle est assujettie à une triangulation méthodique entièrement neuve, soumise comparée à des observations astronomiques spéciales. Fondée pour l'expression du relief du terrain, sur de nombreuses cotes géométriques de nivellement rapportées au niveau de la mer, elle est levée par MM. les officiers d'état-major à l'échelle du $\frac{1}{40000}$ et gravée au $\frac{1}{80000}$; pour les signes conventionnels et l'expression du relief du terrain, on se conforme scrupuleusement aux décisions de la commission de topographie de 1828, réunie spécialement pour les arrêter dans le but d'en faire l'application à la gravure de cette nouvelle carte.

CARTE 7.

Cette carte est le spécimen d'une partie du plan cadastral de la commune de Suresnes, section A, dite du Mont Valérien.

On entend par cadastre, le levé du plan du territoire par nature, qualité et quantité des biens-fonds, pour servir de base à la répartition des contributions foncières. Cet impôt fut établi par décrets de l'Assemblée nationale des 20, 22 et 23 novembre et 1er décembre 1790; et pour que son assiette reposât sur une base rigoureusement juste, elle prescrivit, par décret des 16 et 23 septembre 1791, la confection d'un cadastre-général; elle détermina en même temps quelques règles générales qui furent suivies pour son établissement.

Après de nombreux tâtonnements, occasionnés tant par la résistance et les difficultés de certains propriétaires fonciers que par les énormes dépenses à faire pour obtenir un arpentage du territoire de chaque commune, ainsi que de chaque parcelle de terrain qui le compose, on décida : 1° que les frais du cadastre seraient supportés par chaque commune; 2° que les opérations se composeraient d'un arpentage général d'abord, et ensuite d'un arpentage parcellaire.

Pour faciliter la mesure exacte du territoire de chaque commune, on se servit, conformément au décret précité (1er déc. 1790) de l'Assemblée nationale, des triangles de la carte dite de l'Académie des sciences (Cassini), et des points déterminés géométriquement par les travaux soit des officiers du corps du génie, soit des ingénieurs géographes du Dépôt de la guerre, soit des ingénieurs des ponts et chaussées; et, afin de soustraire les opérateurs à toute influence, la nomination du géomètre en chef, chargé d'opérer *lui-même* l'arpentage général du territoire, et celle des arpenteurs parcellaires, furent réservées aux préfets.

Mesurer, sur une surface d'environ 53 millions d'hectares, plus de 100 millions de parcelles ou de propriétés séparées; confectionner pour chaque commune un plan en feuilles d'atlas, où sont reportées ces 100 millions de parcelles, les classer toutes d'après la fertilité du sol et évaluer proportionnellement le produit net de chacune d'elles; réunir ensuite sous le nom de chaque propriétaire, les parcelles éparses qui lui appartiennent; déterminer, par la réunion de leurs produits, le revenu imposable de ce dernier, et par la fixité des évaluations, l'affranchir désormais des influences dont il avait eu si longtemps à se plaindre; tel était l'objet de cette opération, aujourd'hui complétement terminée pour la France continentale; chaque commune y possède son plan cadastral où il est fait usage, comme dans toute carte à échelle réduite, des signes conventionnels, qu'il faut connaître si on veut la comprendre. L'explication de ces signes se trouve à leur ordre alphabétique.

On voit, par l'exposé qui précède, que toutes les mesures ont été prises pour assurer aux plans l'exactitude la plus rigoureuse. Appuyés d'abord sur une triangulation qui force sans cesse le géomètre d'accorder tous ses détails avec les points d'observations qui lui sont fournis d'avance, ils sont vérifiés par le géomètre en chef qui en demeure responsable et se trouve lui-même soumis à diverses contre-vérifications.

Ces plans éprouvent ensuite deux contrôles non moins sévères. Le premier est celui des propriétaires à chacun desquels les bulletins d'arpentage sont communiqués, et qui sont admis, provoqués même à faire redresser toutes les erreurs que cette communication les met à portée de découvrir.

Le dernier contrôle a lieu naturellement par l'effet du classement. Les agents de l'expertise, parcourant parcelle par parcelle tout le territoire arpenté, doivent retrouver toutes les positions, désignations et configurations indiquées par le plan, ou doivent le faire rectifier, jusqu'à ce qu'il soit devenu l'image fidèle du terrain.

Il est difficile qu'après tant d'épreuves un plan parcellaire se trouve défectueux.

Les opérations cadastrales se résument, pour chaque commune de France, en cartes ou plans, et en volumes de texte. Les plans consistent : 1° en un tableau d'assemblage contenant le figuré de son territoire limité par les communes voisines avec indication des sections, séparées généralement entre elles par une ligne coloriée en carmin, et des ondulations de terrain exprimées par des teintes; cette partie n'a pas toujours l'*exactitude* désirable; 2° en feuilles renfermant chacune une section, divisée par parcelles et dressée généralement à l'échelle de $\frac{1}{1250}$ ou de $\frac{1}{5000}$. Ces feuilles sont la clef de voûte de tout le système cadastral, et avec elles on peut connaître l'étendue de chaque parcelle de terrain cultivé ou bâti de la commune. Chacune des sections a un numéro d'ordre particulier commençant par l'unité; chaque lieu dit, faisant partie de la section, est indiqué par une ligne coloriée en jaune.

Les volumes de texte se composent :

1° De l'état indicatif des propriétés de la commune, imposables ou non imposables.

Cet état contient le nom du propriétaire de chaque parcelle de terrain composant une section; il prend alors le nom d'état de section. Les sections sont réunies; elles forment le registre intitulé état indicatif des propriétés communales. Ce registre contient bien le nom de chaque propriétaire, mais seulement par numéro d'ordre.

2° Du registre intitulé matrice cadastrale; c'est le nom, par ordre alphabétique, des propriétaires de chaque parcelle de terrain faisant partie du territoire de la commune; on réunit toutes les parcelles possédées par le même propriétaire.

Les états de section sont le livre-journal des opérations cadastrales; la matrice cadastrale en est le grand-livre.

On voit, par ce qui vient d'être dit, que les cartes et les registres sont coordonnés de manière qu'on puisse toujours avec certitude connaître, en les consultant, l'étendue réelle de chaque parcelle de terrain composant le territoire d'une commune et le nom de son propriétaire.

FIN.

Paris.—Imprimé chez Bonaventure, Ducessois et Cie, quai des Grands-Augustins, 55.

TOPOGRAPHIE

MODÈLES DE TOPOGRAPHIE ET SIGNES CONVENTIONNELS ADOPTÉS PAR LES INGÉNIEURS HYDROGRAPHES DE LA MARINE.

Les profondeurs de l'eau sont exprimées en Pieds de France ou en Brasses; elles sont rappor… ta? au niveau des plus Basses Mers observées sur les principaux points de la Côte.

Les élévations des Plages ainsi que des Dangers isolés, qui couvrent et découvrent, au dess… dux niveau des Basses Mers, sont toujours exprimées en Pieds de France, par des chiffres soulignés On écrit les élévations des petits Dangers isolés, entre parenthèses, près de leurs positions.

Les diverses natures du fond de la Mer sont exprimées, ordinairement au moyen des abréviations su… utes:

S. ——— *Sable*	*Coq.br* ——— *Coquilles brisées*
S.f. ——— *Sable fin*	*Coq.moul.* ——— *Coquilles moulues*
S.bl. ——— *Sable fin blanc*	**Nota** *On indique l'espèce des Coquilles, rapportées par le plomb de sonde, lorsque la même espèce se trouve en masse sur une grande étendue du fond de la M… r.*
S.gris ——— *Sable fin gris*	
g.S. ——— *gros Sable*	
Gr. ——— *Gravier*	*Arg.* ——— *Argile bleue compacte*
g.Gr. ——— *gros Gravier*	*V.* ——— *Vase verdâtre*
Gal. ——— *Galets*	*V.j.* ——— *Vase jaunâtre*
Pi. ——— *Pierres*	*V.n.* ——— *Vase noirâtre*
g.Pi. ——— *grosses Pierres*	*V.d.* ——— *Vase dure*
R. ——— *Roche*	*V.m.* ——— *Vase molle*
R.inég. ——— *Roches inégales*	*F.v.* ——— *Fange verte ou Vase molle fétide*
R.déc. ——— *Roches qui sont dans l'état de décomposition, et que les Marins nomment Roches pourries et Roches molles.*	*F.n.* ——— *Fange noire*
	S.V.c. ——— *Sable Vaseux compacte*
	Goë. ——— *Goëmon. On désigne sous ce nom … ou… les Plantes Marines qui croissent sur les roches et les pierres.*
Ard. ——— *Ardoise ou Roches Schisteuses*	
T. ——— *Tuf*	*Al.* ——— *Algue. On désigne sous ce nom … pèce de Plante Marine, mince et longue qui croît dans les fonds de sable … vaso et qui empêche souvent les Ancres de prendre et de tenir.*
Cor. ——— *Corail*	
Mad. ——— *petits Madrépores ramifiés de couleur rouge, que l'on trouve ordinairement sur les fonds argileux.*	
Mad.f. ——— *petits Madrépores roulés et décolorés, formant une espèce de Gravier jaunâtre.*	*Herb.* ——— *Herbier. Fond vaseux couvert p… de petites Plantes Marines dans le… sol les Ancres prennent facilement … et tiennent bien.*
Coq. ——— *petites Coquilles*	
g.Coq. ——— *grosses Coquilles*	

Quand le Plomb de sonde a rapporté un fond mélangé, on écrit d'abord la qualité de fond qui d… ine; ainsi S.V. indique un mélange de Sable et de Vase dans lequel le Sable domine, et V.S. un mélange de même nature dans lequel la Vase domine.

Un trait mis au dessous de l'indication d'une qualité de fond signifie peu; ainsi, S.V. indique du Sa… ble mêlé d'une petite quantité de Vase; et V.S. de la Vase mêlée d'une petite quantité de Sable.

Lorsqu'on a reconnu, au moyen des Lances, que la qualité vraie du fond diffère de la qualité appa… nte, donnée par le Plomb de sonde ordinaire, on écrit la qualité vraie entre parenthèses, ainsi pour expr… imer que l'on a trouvé avec une Lance, des Roches couvertes par de la Vase molle, sur un point où le … mb de sonde ordinaire indiquait seulement de la Vase molle, on écrit, près du chiffre de sonde V.m. (V. R.) et pour exprimer que l'on a trouvé de l'Argile au dessous d'une couche de petits Madrépores ram… ifiés rouges on écrit Mad. (Mad. Arg.).

On limite sur les Cartes et sur les Plans dressés sur une grande échelle, les fonds de Sable et de Vase sur lesquels il reste moins de 25 Pieds d'eau de Basse Mer, par des traits fins interrompus. On subdivise les grands plateaux que donne cette limite, qui est celle des parties navigables pour des Vaisseaux, au moment de la Basse Mer, en trois Classes de Bancs, en raison du Brassiage.

La 1ère Classe est formée des parties sur lesquelles il reste moins de 10 pieds d'eau.

La 2ème Classe des parties sur lesquelles il reste depuis 10 pieds d'eau jusqu'à 16 inclusivement.

La 3ème Classe des parties sur lesquelles il reste depuis 17 pieds d'eau jusqu'à 24 inclusivement.

On met ordinairement sur les Bancs de cette espèce des teintes plates, de forces différentes, qui facilitent l'intelligence des Cartes et Plans.

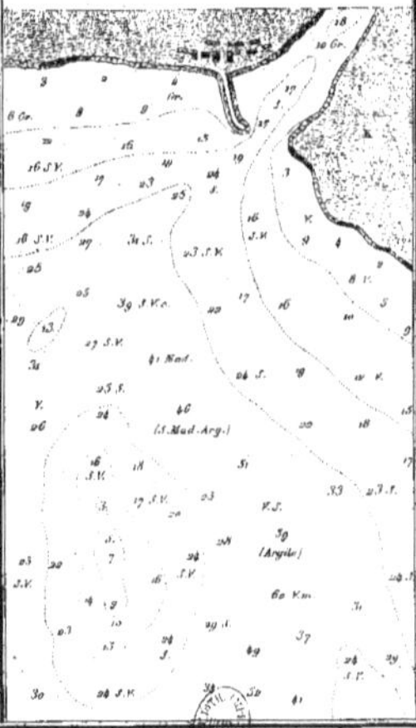

Lorsque deux objets terrestres remarquables, se trouvent dans la même direction qu'un Danger dont il est important de faire connaître avec exactitude la position aux navigateurs, on indique cette direction par une ligne.

On indique les directions des Passes par deux lignes très rapprochées l'une de l'autre.

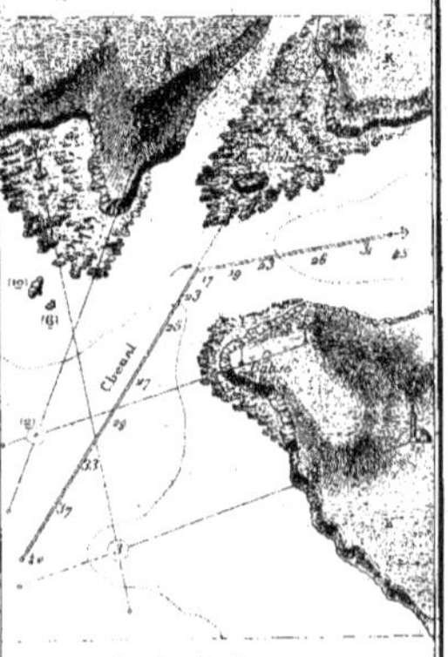

Directions des Courans

Mouillages

Bouées

Tonnes

Corps-Morts

On représente en élévation les Eglises, Tours, Phares, Balises, Moulins à vent et autres objets remarquables qui sont visibles de la mer.

Les Eglises qui ne se voyent pas de la mer, quoique situées près de la côte, sont représentées en plan ou par le Signe suivant ‒ ♁.

Gravé par Dormick d'après Blondeau.

TOPOGRAPHIE

MODÈLES DE TOPOGRAPHIE ET SIGNES CONVENTIONNELS ADOPTÉS PAR LES INGÉNIEURS HYDROGRAPHES DE LA MARINE.

PL. 2.

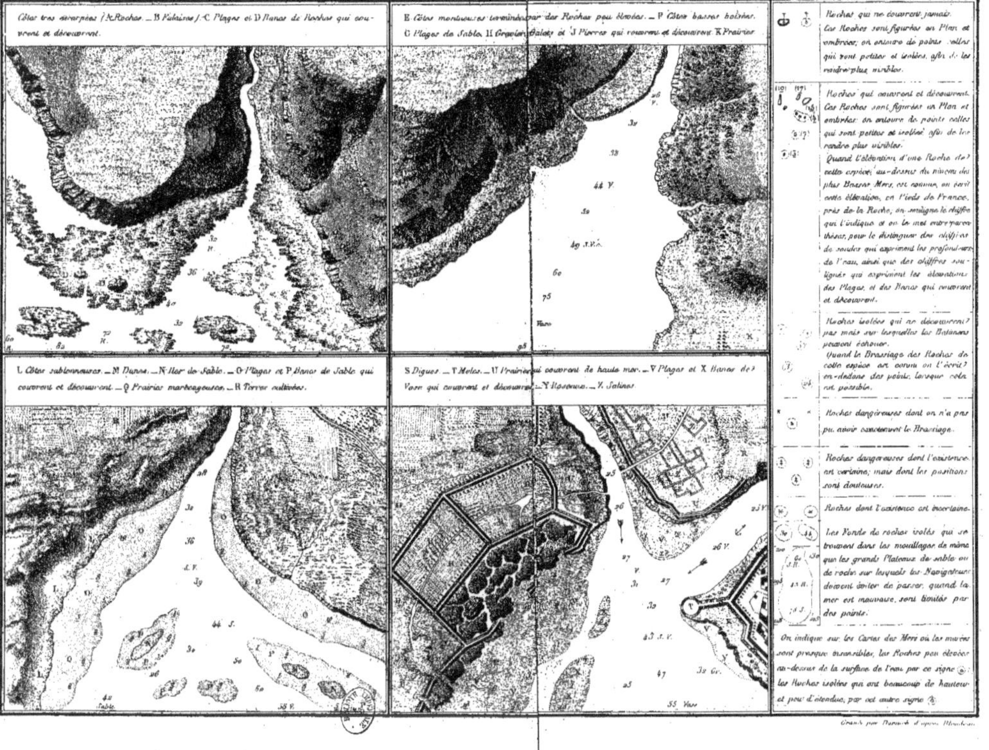

POGRAPHIE

CARTE D'ASSEMBLAGE DES FEUILL[ES DE] LA CARTE GÉOMÉTRIQUE DE LA FRANCE PAR CASSINI.

PL. 3.

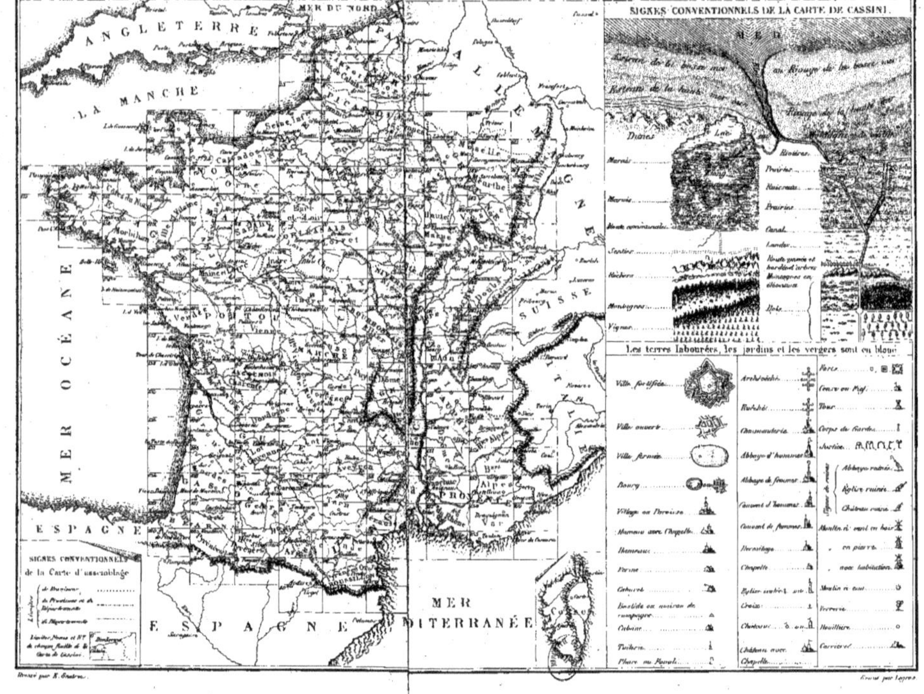

TOPOGRAPHIE

SPÉCIMEN DE LA CARTE GÉOMÉTRIQUE DE LA FRANCE (DE L'ACADÉMIE) PAR CASSINI.

PL. 4.

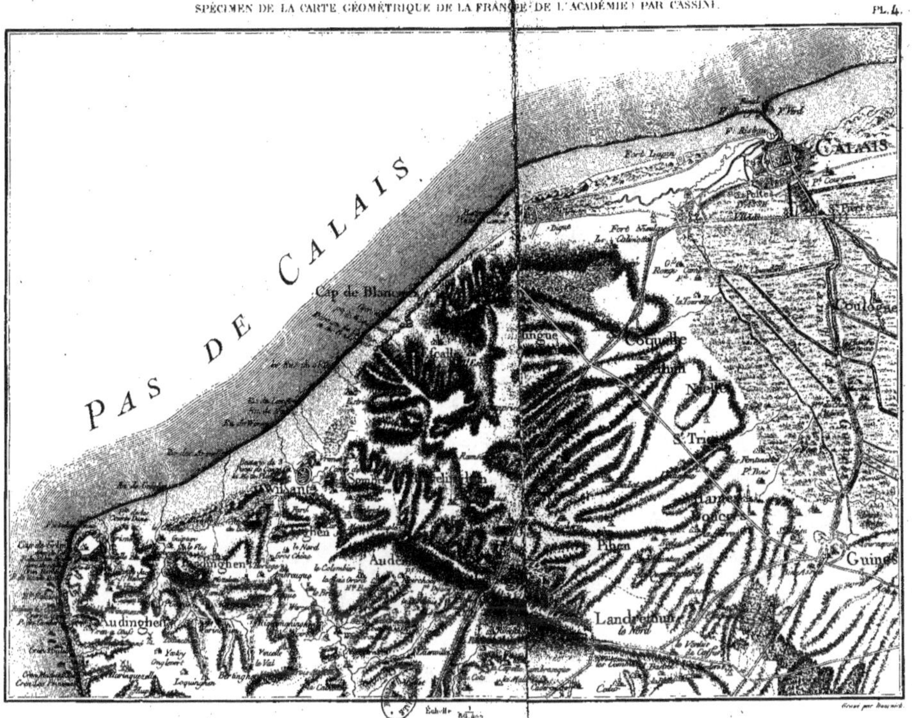

TOPOGRAPHIE

CARTE D'ASSEMBLAGE DES FEUILLES DE LA CARTE TOPOGRAPHIQUE DE LA FRANCE GRAVÉE AU DÉPÔT DE LA GUERRE.

Pl. 5.

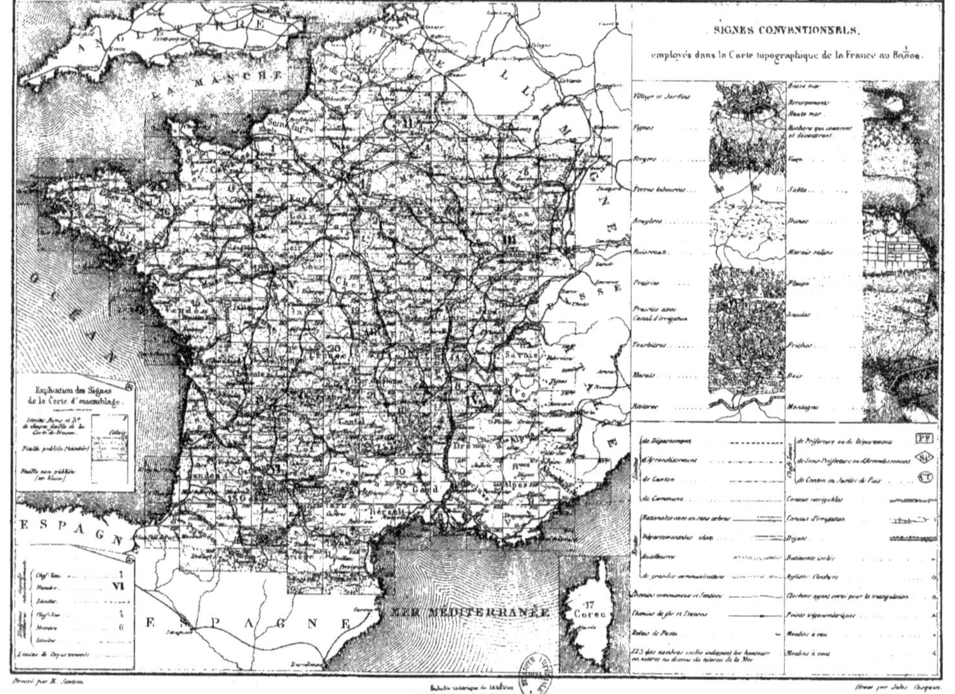

TOPOGRAPHIE

SPÉCIMEN DE LA CARTE TOPOGRAPHIQUE DE LA FRANCE, GRAVÉE AU DÉPÔT DE LA GUERRE, A L'ECHELLE DU $\frac{1}{80000}$ D'APRÈS LES LEVÉS DE MM LES OFFICIERS D'ÉTAT-MAJOR.

Pl. 6.

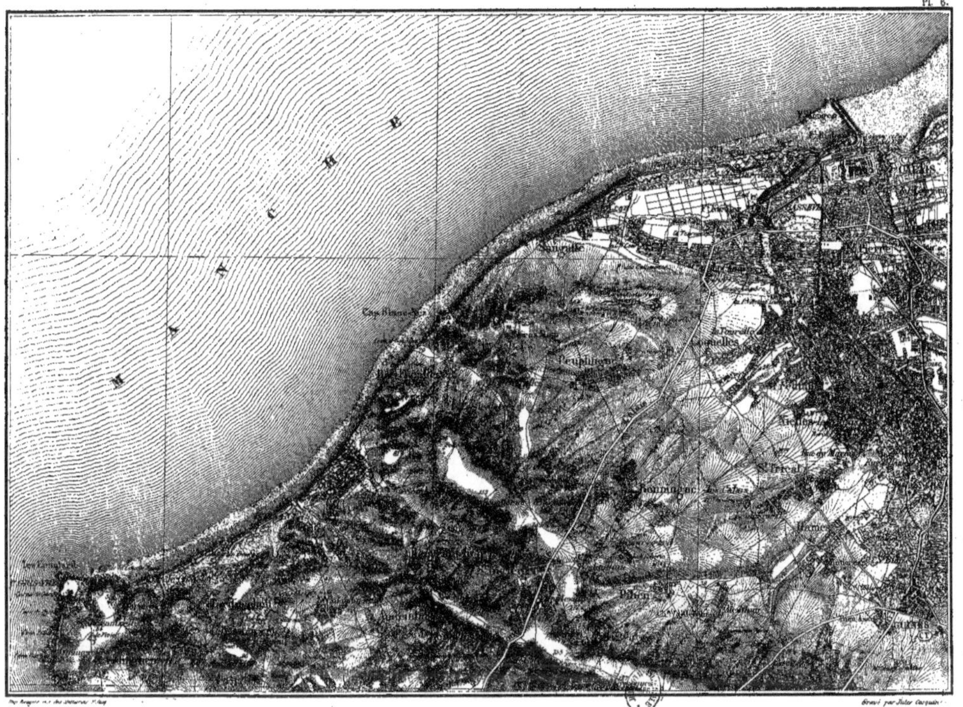

Gravé par Jules Cacquin

TOPOGRAPHIE

SPÉCIMEN DU CADASTRE; EXTRAIT DU PLAN CADASTRAL DE LA COMMUNE DE SURESNES.

(Section A, dite du Mont-Valérien, 2e Feuille, 1856.)

PL. 7.

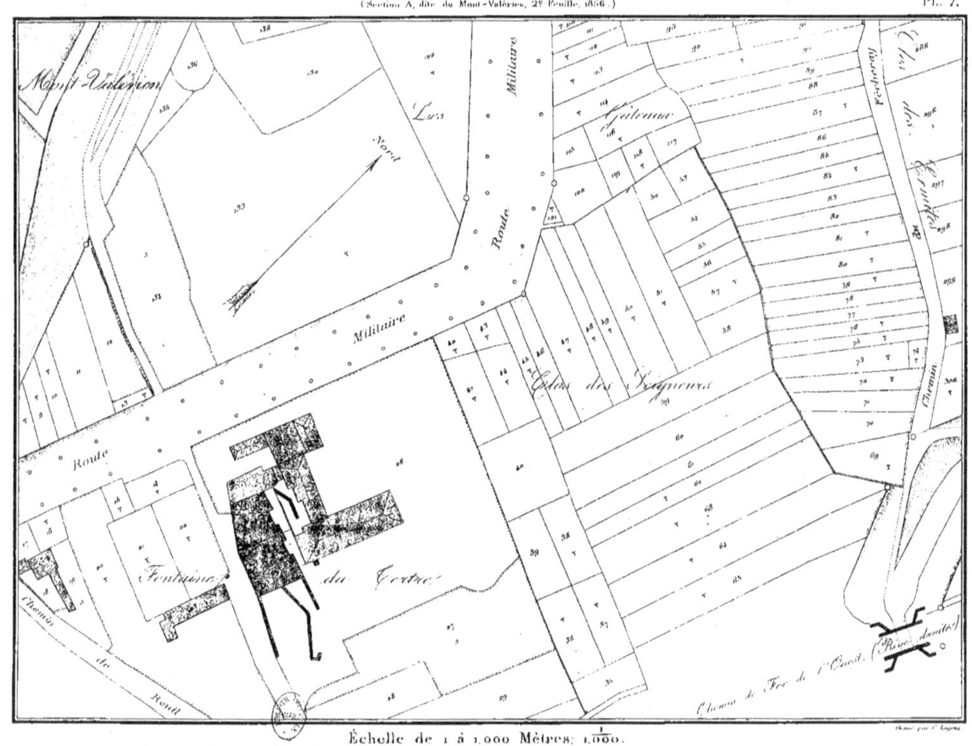

BIBLIOTHÈQUE
HISTORIQUE ET MILITAIRE

PAR MM.

CH. LISKENNE & SAUVAN

La publication la plus vaste qui, depuis l'*Encyclopédie*, ait été présentée au public, est incontestablement la *Bibliothèque historique et militaire*, où se trouvent reproduits les ouvrages les plus remarquables écrits sur l'art de la guerre, depuis les temps les plus reculés jusqu'à nos jours.

On peut douter que les écrivains qui, jusqu'à ce jour, se sont occupés de l'histoire, aient compris toute l'importance de leur mission. Les fastes d'un pays ne se composent pas uniquement du récit des faits civils; il faut encore étudier les faits militaires, car ils agissent puissamment sur les premiers, souvent même les dirigent, et soumettent à leurs vicissitudes les destins des empires les plus puissants. Séparer ces deux branches d'instruction, ou s'occuper de l'une à l'exclusion de l'autre, c'est se placer dans l'impossibilité de produire une œuvre complète; les réunir, au contraire, afin de présenter sous un même point de vue les progrès de la civilisation d'un peuple et les ressorts énergiques qu'il sut faire mouvoir pour étendre sa puissance ou pour la conserver, telle est la véritable école où doit se former l'homme d'État comme celui qui se voue à la carrière des armes, l'homme, enfin, qui ne saurait négliger la culture des lettres, quelle que soit, d'ailleurs, la spécialité qu'il veuille embrasser.

Cette méthode était celle des anciens; aussi leurs livres d'histoire offrent-ils, généralement, un fonds solide d'instruction que l'on trouve bien rarement dans les nôtres. Lisez Thucydide, Xénophon, Arrien, César, Polybe, etc., et dites quels sont les modernes qui peuvent les faire oublier. La plupart ont paru si ridicules dans leurs descriptions de siéges et de batailles, qu'on a fini par en débarrasser tout à fait l'histoire, en sorte qu'on ne les trouve plus que dans les relations purement militaires, et qui sont inintelligibles pour la plupart des lecteurs. N'est-il pas singulier que les modernes, empruntant aux anciens presque toutes les théories qu'ils ont laissées sur les sciences et les arts, aient négligé leurs recherches savantes sur la guerre, recherches qu'ils poussèrent au plus haut degré de perfection?

A la vérité, cette science avait acquis chez eux une grande importance, car non-seulement ils ne croyaient pas que l'on pût prétendre au commandement, ni même à l'administration de l'État, sans l'avoir étudiée, mais ils exigeaient encore qu'elle entrât dans le plan d'éducation de la jeunesse, ainsi que les mathématiques y sont admises de nos jours.

Xénophon fait dire à Socrate : « Qu'encore que l'on n'ait pas commandé, on peut être général, si l'on s'est instruit dans l'art de la guerre, comme celui qui a étudié la médecine est médecin; quoiqu'il n'en fasse pas profession. »

L'issue glorieuse de la retraite des dix mille, conduite par Xénophon, lui qui, jusqu'alors, n'avait pas porté les armes; l'ordre de bataille de Narsès contre Totila, disposition admirable méditée dans le palais impérial par cet eunuque qui, pour la première fois, se trouvait à la tête des troupes, prouvent avec évidence la vérité de l'argumentation de Socrate. Les anciens ne supposaient donc pas que la guerre ne pût s'apprendre que par la guerre. Comme ils en avaient fait une science positive, ils s'occupèrent avec soin de la recherche de ses principes et l'enseignèrent dans les écoles où la jeunesse était admise. Les fastes de la Grèce déposent assez en faveur de cette méthode : on peut dire que son histoire tout entière atteste la fausseté de cette maxime que Mars se déclare pour les gros bataillons.

Nous ne voyons pas qu'il y ait eu à Rome des maîtres de tactique et des écoles publiques de théorie, ainsi qu'à Athènes et à Lacédémone; aussi, malgré les soins qu'ils apportaient à endurcir la jeunesse et à la préserver de la mollesse et de la corruption, les Romains furent-ils, d'abord, moins habiles que les Grecs dans la science des armes. Toutefois, ce qu'ils pratiquaient était appuyé sur des règles et des principes qu'ils s'étaient formés. L'ordre de la légion, quoique moins géométrique que celui de la phalange, avait son calcul, et l'art avec lequel il était composé, l'emportait de beaucoup sur celui des Grecs par l'espèce des armes, des divisions, par les différentes classes de soldats et par la manière de combattre. A défaut d'écoles publiques, ces principes s'enseignaient dans les livres. D'ailleurs, à Rome, aucun citoyen ne pouvait être élevé à une magistrature, qu'il n'eût servi au moins dix ans : institution fondamentale qui mérite bien une attention sérieuse, quand on voit les effets immenses qu'elle produisit.

Mais s'il est désirable que l'on comprenne enfin quelle influence heureuse peut exercer sur la jeunesse l'étude de l'histoire envisagée sous ce point de vue, on ne saurait trop répéter que cette étude devient indispensable, non-seulement pour celui qui aspire à la carrière des armes, mais encore pour quiconque veut consulter avec fruit et les annales anciennes, et surtout nos propres annales, qui ne sont pas moins riches en faits militaires que celles de la Grèce ou de Rome. On peut voir, dans l'introduction placée en tête du second volume, comment les Romains conduisirent la guerre d'Afrique, sur le terrain où nous sommes aujourd'hui et contre les mêmes hommes que nous combattons. L'explication claire que l'on trouve ici, pour la première fois, des ordres de marche de Marius et de Metellus contre Jugurtha, prouve s'il est vrai, comme on le répète chaque jour dans les colléges, que Salluste soit un auteur obscur. Enfin, les gens du monde, pour qui la lecture n'est qu'un délassement, trouveront encore un puissant attrait à consulter la *Bibliothèque historique et militaire*, dans laquelle les questions les plus importantes de l'histoire sont examinées sous un point de vue nouveau.

DIVISION DE L'OUVRAGE.

La *Bibliothèque historique et militaire* se compose de sept volumes grand in-8° et un vol. in-4° de texte, accompagnés d'un atlas de 180 cartes.

Le premier volume présente l'histoire de la Grèce : 1° un *Essai sur la tactique des Grecs*; — 2° les quatre volumes de *Thucydide*; les deux volumes de la *Cyropédie de Xénophon*; les deux volumes de la *Retraite des dix mille*; le volume du *Traité de l'équitation et du commandement dans la cavalerie*; — 3° enfin, les sept livres d'*Arrien* sur Alexandre, qui semblent être comme l'épopée de l'histoire grecque. Onze volumes sont donc contenus dans un seul et sans altération.

Le second volume commence par un *Essai sur les milices romaines*, travail entièrement neuf qui renferme seul plus de deux tomes de l'in-8° ordinaire. *Polybe*, traduit par dom Thuillier, termine ce volume; les éditeurs y ont joint les fragments considérables retrouvés par Scheweighæuser et Angelo Mai, et qui, dans aucune édition, n'avaient été réunis au texte principal.

Les *Commentaires de César*, *Végèce*, *Onosander*, les *Institutions de l'empereur Léon*, *Frontin et Polyen*, forment le troisième volume, avec un chapitre dans lequel se trouve rassemblé ce que *Feuquières*, *Folard*, *Santa-Crux*, *Joly de Maizeroy*, *Cessac*, *Carion-Nizas* ont écrit sur les *Stratagèmes*, les *Ruses de guerre*, les *Embuscades*, les *Surprises*, etc. : ce travail seul épargnera au lecteur des recherches longues et dispendieuses.

Le quatrième volume contient l'*Histoire politique et militaire des Français*, depuis la fondation de la monarchie; *Montecuculli*, *Turenne*, *Feuquières*, *Puységur*, *Folard*, le *maréchal de Saxe*.

Le cinquième volume : l'*Histoire de mon temps*, par *Frédéric II*, les *Instructions secrètes à ses généraux*, celles qui sont adressées à ses *officiers*; *Loyd*, *Guibert*, les *Devoirs du général en chef*, par *Lacuée-Cessac*; *Carnot*, *Thiébault*, *Jomini*, etc.

Le sixième volume présente les *Mémoires de Napoléon*, écrits sous sa dictée à Sainte-Hélène. Cet ouvrage, imprimé en neuf volumes, se vend très-cher et ne contient que du texte; les rédacteurs de la *Bibliothèque historique et militaire* y ont ajouté des cartes et des plans, et l'ont renfermé dans un seul volume. Les *Mémoires de Napoléon* n'ont pu être achevés. Les aperçus que ce grand capitaine jette sur presque toutes les parties de la guerre offrent, sans aucun doute, un intérêt puissant et un excellent corps de doctrine; toutefois, on ne trouve de complétement décrit que ses campagnes d'Italie et la campagne d'Égypte; de sorte que l'on peut dire que les *Mémoires* s'arrêtent au Consulat.

Il fallait suppléer à ce silence, remplir cette lacune si regrettable, et c'est ce que les auteurs croient avoir fait en publiant le septième volume ou l'*Empire*. Il commence à Austerlitz et finit à Waterloo. Les documents qui composent ce volume sont tirés des archives du ministère de la guerre ou du cabinet particulier de l'Empereur; la plupart sont dictés par lui-même. Les *Bulletins de la grande armée* ne pouvaient être oubliés. On les donne ici sous forme d'appendice, et l'on peut facilement évaluer, par comparaison, la quantité des matériaux qui entrent dans cette collection, puisque ces *Bulletins*, qui circulent aujourd'hui en dix volumes, n'occupent pas le quart de celui-ci.

Légendes : Les batailles de la République, du Consulat et de l'Empire sont trop compliquées pour que le lecteur puisse les suivre avec fruit sur un terrain muet; les auteurs se sont décidés à y ajouter les mouvements, dont ils donnent l'explication dans des légendes du format des cartes. Pour tenir leur ouvrage au courant des événements actuels, les auteurs ont publié dans le même format la guerre d'Afrique, la campagne de Crimée et celle d'Italie. Ils ont fait précéder leurs récits d'une étude sur la lecture des cartes topographiques dans laquelle ils expliquent la signification des teintes et des signes conventionnels ou imitatifs employés par les divers services publics pour le dessin et la gravure des cartes. La réunion, opérée ici pour la première fois, d'éléments épars dans des livres dispendieux et difficiles à se procurer, et surtout leur classement dans l'ordre alphabétique avec renvoi aux cartes où se trouvent gravés ces teintes et signes conventionnels, permettent à chacun d'acquérir en quelques heures les connaissances requises pour lire avec fruit les cartes topographiques dessinées ou gravées et les plans cadastraux.

La *Bibliothèque historique et militaire* présente aujourd'hui le recueil le plus complet et le plus curieux que l'on ait publié sur la science de la guerre appliquée à la politique générale des nations.

Extrait des APPROBATIONS données aux rédacteurs de la Bibliothèque historique et militaire.

Ministère de la Guerre.—Cabinet du Ministre.

Messieurs,

J'ai lu avec beaucoup d'intérêt les livraisons de la *Bibliothèque historique et militaire* que vous avez publiées jusqu'à ce jour, et je ne puis qu'applaudir à l'heureuse idée que vous avez eue d'offrir à l'armée un ouvrage qui me paraît devoir exercer une influence utile sur son instruction. Je verrais avec infiniment de plaisir que l'utilité de cet ouvrage fût appréciée par MM. les Généraux commandant les divisions et subdivisions territoriales, par MM. les Commandants des diverses Écoles militaires, ainsi que par MM. les Chefs de corps, et qu'ils concourussent par leurs suffrages au succès d'une publication qui me semble devoir beaucoup contribuer à compléter l'instruction militaire des jeunes Officiers.

Recevez, Messieurs, l'assurance de ma parfaite considération.

Le Pair de France,

Ministre Secrétaire d'État de la Guerre,

Paris, le 24 février 1837. BERNARD.

Ministère de la Guerre.—Cabinet du Ministre.

(CIRCULAIRE.)

GÉNÉRAL,

M. SAUVAN se propose de parcourir les départements, pour y faire connaître la *Bibliothèque historique et militaire*, dont il est auteur et éditeur avec M. Liskenne.

J'ai l'honneur de le recommander à toute votre obligeance et de vous prier de lui faciliter autant qu'il vous sera possible les moyens de répandre dans l'armée cet ouvrage, dont la publication m'a paru de nature à exercer une heureuse influence sur l'instruction des Officiers.

Recevez, Général, l'assurance de ma considération très-distinguée.

Le Ministre Secrétaire d'État de la Guerre,

Paris, 20 août 1839. SCHNEIDER.

Ministère de l'Intérieur.

Paris, le 30 mars 1839.

A MM. LES PRÉFETS DES DÉPARTEMENTS.

Monsieur le Préfet, la publication, par MM. LISKENNE et SAUVAN, de la *Bibliothèque historique et militaire*, a reçu les encouragements de M. le Ministre de la Guerre. L'utilité de cet ouvrage paraissant devoir s'étendre à la garde nationale, j'ai accueilli avec faveur la demande qui m'a été faite par les éditeurs, de leur procurer, auprès de MM. les Préfets des départements, les mêmes facilités que celles qu'ils ont obtenues au Ministère de la Guerre, pour appeler sur leur entreprise l'attention des autorités militaires.

Je vous engage, en conséquence, à accorder votre appui au recueil dont il s'agit, en facilitant sa propagation dans la garde nationale.

Agréez, Monsieur le Préfet, l'assurance de ma considération distinguée.

Le Ministre secrétaire d'État de l'Intérieur,

A. THIERS.

Ministère de la Guerre.

Paris, le 25 novembre 1840.

MESSIEURS,

Je vous annonce avec plaisir que, voulant vous donner une preuve de l'intérêt que je porte depuis longtemps à la *Bibliothèque historique et militaire*, dans laquelle vous reproduisez tout ce que les anciens et les modernes ont écrit, sur l'art de la Guerre, et appréciant l'utilité que ce livre peut offrir pour l'instruction de l'Armée en y entretenant le goût des études sérieuses, j'ai décidé qu'il serait souscrit au compte de mon Département à cette publication pour un nombre égal à celui des Établissements Militaires et des Corps de l'armée.

Recevez, Messieurs, l'assurance de ma considération.

LE PRÉSIDENT DU CONSEIL,
Ministre Secrétaire d'État de la Guerre,
Mal DUC DE DALMATIE.

Ministère de la Guerre.—Cabinet du Ministre.

MESSIEURS,

J'apprécie parfaitement l'intérêt qui s'attache à la publication de la *Bibliothèque historique et militaire;* il serait à désirer qu'un grand nombre d'officiers fût en mesure d'acquérir cet ouvrage, dans lequel ils ne pourraient puiser que de bons et utiles enseignements.

Vous trouverez, sans aucun doute, MM. les chefs de corps disposés à les y encourager; je n'ai pas besoin d'ajouter qu'ils entreraient en cela tout à fait dans mes vues.

Recevez, Messieurs, l'assurance de ma considération.

Le Maréchal Ministre de la Guerre,

Paris, 17 décembre 1852. A. DE SAINT-ARNAUD.

Armée de Paris.—Cabinet du Maréchal commandant en chef.

(CIRCULAIRE.)

MON CHER GÉNÉRAL,

L'ouvrage de MM. LISKENNE et SAUVAN, intitulé *Bibliothèque historique et militaire*, est connu déjà avantageusement dans l'armée. Toutefois, je crois devoir donner un témoignage plus direct d'intérêt aux auteurs, en vous invitant à accueillir favorablement l'ouvrage qu'ils ont publié dans l'intérêt de l'armée, et de favoriser, autant qu'il dépendra de vous, sa propagation dans les corps que vous commandez.

Le Ministre de la Guerre désire, de son côté, qu'il soit fait un bon accueil à l'ouvrage mentionné ci-dessus.

Recevez, mon cher Général, l'assurance de mes sentiments affectueux.

Le Maréchal MAGNAN.

Paris, 31 mars 1853.

Ministère de l'Instruction publique

Par arrêté du 28 décembre 1863, M. le Ministre de l'Instruction publique, après examen de la commission consultative, a souscrit à la *Bibliothèque historique et militaire*, pour les bibliothèques de son département.

Le Ministre de l'Instruction publique,

Paris, le 26 mars 1864. DURUY.

Confédération Suisse.

APPROBATION DONNÉE AUX ÉDITEURS PAR M. LE GÉNÉRAL DUFOUR.

L'ouvrage publié par MM. LISKENNE et SAUVAN, sous le titre de *Bibliothèque historique et militaire*, contient un choix judicieux et complet des meilleurs auteurs, tant anciens que modernes. Il est accompagné de notices savantes et d'un bel atlas explicatif.

Cet ouvrage remplace ainsi un grand nombre de livres dont quelques-uns sont fort rares et ne peuvent s'acquérir qu'à grand prix. Les traductions ont été revues et corrigées par les éditeurs, surtout en ce qui concerne les événements militaires, en sorte que cette édition est extrêmement précieuse.

Il serait donc à désirer que cet ouvrage, qui a déjà reçu l'approbation des autorités les plus compétentes, se trouvât non-seulement dans les bibliothèques publiques, mais encore entre les mains de tous les militaires désireux de s'instruire. Je le recommande aux officiers de la Confédération; ils y trouveront un enseignement solide sous le double rapport de la tactique et de l'histoire.

Genève, le 6 octobre 1854.

Le Général, G. H., DUFOUR.

SOUSCRIPTION.

Le prix de l'ouvrage complet est de 195 fr.

On peut ne souscrire qu'à une partie de l'ouvrage, savoir :

1° Aux *sept volumes in-8°* et aux *légendes*, avec les *cartes* qui s'y rapportent, formant un atlas de 115 cartes, moyennant 115 fr. Cette partie s'arrête à la bataille de Waterloo.

2° Aux *Campagnes d'Algérie, de Crimée et d'Italie*, faisant suite à la *Bibliothèque historique et militaire*, 1 vol. in-4° avec atlas de 20 cartes, moyennant 30 fr.

3° A l'*Étude sur la lecture des cartes topographiques*, 1 vol. in-4° de texte, un atlas de 43 cartes, et de 3 feuilles in-4° de tableaux contenant le classement, par ordre alphabétique, et avec renvoi aux 43 cartes gravées, des teintes et des signes conventionnels adoptés par les deux commissions de topographie, moyennant 50 fr.

L'ouvrage complet est adressé à toute personne solvable contre envoi d'un mandat des postes de 50 fr., de ses deux billets de 50 fr. à 3 mois et à 6 mois, et d'un troisième billet de 45 fr. à 9 mois.

S'adresser pour toutes demandes à MM. SAUTREZ et Cie, *rue d'Anjou-Dauphine, 13, à Paris.*

Paris.—Imprimé chez Bonaventure, Ducessois et Cie, quai des Grands-Augustins, 55.

ALPHABET TOPOGRAPHIQUE.

Paris.—Imprimé chez Bonaventure, Ducessois et Cᵉ,
55, quai des Augustins.

www.ingramcontent.com/pod-product-compliance
Lightning Source LLC
LaVergne TN
LVHW020434230826
846091LV00004B/1493
* 9 7 8 2 0 1 6 1 7 3 2 1 3 *